MW01222615

CUANDO CAMINAS *en la* OSCURIDAD

CUANDO CAMINAS

en la

OSCURIDAD

Cómo confiar en Dios cuando ocurre lo inesperado

STEVE MICKEL

ISBN: 9798668350148

Dewey : 248.8 (cdd23)

1. Hijo. Duelo. Aspectos religiosos. Cristianismo.

2. Consuelo.

3. Apologético.

www.walkinginthedark.org

"*Cuando caminas en la oscuridad*, de Steve Mickel, se asemeja un poco a Bonhoeffer, Martin Luther King Jr. o a los escritos del apóstol Pablo desde la cárcel. Las páginas están empapadas de aflicción, duelo, realidad y una esperanza absoluta. Este libro no es apto para quienes desean escapar del paisaje del dolor, pues hacerlo es huir de la realidad misma. Aquí encontrarás más bien una invitación a adentrarte *en* el dolor, las lágrimas y las dudas. Yo no pude leer más de dos páginas sin romper en llanto. El hombre que escribió este libro es la misma persona en el púlpito y en su casa. Su historia es real. Su testimonio es sincero y su dolor es liberador. Lectura obligada cuando no comprendemos a Dios."

— A.J. SWOBODA, PhD, doctor, profesor, pastor y autor de *Subversive Sabbath* [Sabbat subversivo]

"En *Cuando caminas en la oscuridad*, Steve Mickel se aventura donde pocos líderes espirituales están dispuestos a llegar: al filo mismo de la duda, del temor y del sufrimiento. Escribe con profunda honestidad, aguda crudeza y esperanza maravillosa, mientras nos guía por rincones oscuros del padecimiento, rumbo a la realidad de la bondad de Dios. No hay respuestas sencillas, pero quienes se encuentren atravesando por un oscuro tiempo de tristeza, encontrarán el mapa fiable hacia un lugar llamado Esperanza."

— BO STERN, autora de *Beautiful Battlefields* [Hermosos campos de batalla]

"*Cuando caminas en la oscuridad* no es solo un libro sobre el duelo; toda persona que duda de Dios ante la adversidad debe leerlo. En medio del sufrimiento por haber perdido a su hijo, el pastor Steve Mickel se hizo las preguntas que todos nos hacemos cuando nos enfrentamos con la tristeza: "¿Cómo pudo Dios hacerme esto? ¿Dónde se hallaba cuando ocurrió? ¿Dios es bueno? ¿Siquiera existe?". Como el salmista, se encontró con un Dios que se nos une en nuestro dolor. *Cuando caminas en la oscuridad* es profundo, personal y de lectura amena; brinda lo que Steve pretendía entregar: una compañía sincera y compasiva para ti en tu propia excursión por las montañas de la vida."

> — KEN WYTSMA, pastor de la iglesia *Village Church*, autor de *The Grand Paradox* [La gran paradoja]

"Hay quienes cuentan cómo fueron rescatados milagrosamente de un incendio, mientras otros comparten la desgarradora experiencia de encontrarse en uno. El libro de Steve Mickel, *Cuando caminas en la oscuridad*, no esconde nada. Es crudo y real. Pocos experimentaremos alguna vez la profundidad de su dolor, y sin duda ninguno de nosotros elegiría pasar por él. Es cuando sabes que ya no tienes a qué aferrarte, pero encuentras a Alguien que sigue aferrándose a ti. Aquí no encontrarás ni una tilde de esperanza fingida, pero una verdadera surge de las cenizas de un fuego devastador."

> — GLENN C. BURRIS, JR., presidente de la iglesia *The Foursquare Church*

"Yo estaba presente aquel día demoledor en que la muerte golpeó a Steve, su familia y su "confianza en Dios". Vi la actitud sincera con que evaluó el daño mientras, con lágrimas en los ojos, se preguntaba si su fe en la capacidad, en las promesas y en la coherencia de Dios, podría recuperarse de aquello. Escudriñó con fervor las Escrituras, libros de compañeros de dolor y su propio corazón en busca de un mapa a la restauración. *Cuando caminas en la oscuridad* es un recuento cautivador y brutalmente honesto de cómo Steve, con la ayuda del Espíritu de Dios, reconstruyó su confianza en Él, piso tras piso, viga tras viga, muro tras muro, ventana tras ventana."

— KEN JOHNSON, expastor de la iglesia
Westside Church y autor de *When It Comes Down It All Comes Down to This* [Cuando todo falla, todo se reduce a esto]

"La honestidad cruda de *Cuando caminas en la oscuridad* atrapará tu corazón y te mantendrá cautivo hasta el final. Fiel a su carácter, Steve no se reserva detalles en su lucha contra los cuestionamientos más profundos a la fe, y lo hace con una gentileza y humildad que solo él puede lograr. Este libro construye ese puente entre el dolor y la esperanza que todos necesitamos con desesperación."

— JOSH CORDELL, coach galardonado

"*Cuando caminas en la oscuridad*, de Steve Mickel, plasma la tristeza y el duelo que muchos encontramos en nuestro andar diario. La gran pregunta de la vida no es si experimentaremos aflicciones y pesares, sino qué haremos cuando estos lleguen. Steve nos inspira con la forma en que afronta su duro recorrido a través del dolor, la esperanza y las promesas de Dios. Su propuesta de cuestionar en profundidad, explorar y caminar sobre la cuerda floja de la tristeza, así como guardar la esperanza y permanecer abiertos a la voluntad de Dios es vívida, refrescante y real. Steve nos ha esbozado un sendero que podemos seguir cuando las tormentas inimaginables de la vida caen sobre nosotros."

> — DIRK ZELLER, autor de éxitos como
> *Success Habits for Dummies* [Hábitos de éxito
> para tontos]

"Cuando caminas en la oscuridad brinda una reflexión profunda sobre la experiencia universal de la pérdida, una faceta fundamental del ser humano. De hecho, la pérdida potencial de la propia vida terrenal ensombrece nuestra mismísima existencia. Steve Mickel comparte con transparencia el dolor de perder a su hijo mayor. Más que de su desgarradora travesía, escribe de su cada vez más intenso caminar con Cristo. *Cuando caminas en la oscuridad* captura su viaje de esperanza, fe, confianza y crecimiento… un libro que cambiará vidas."

> — STEPHEN HACKER, director ejecutivo de
> Transformation Systems International,
> autor de *Lead Self First Before Leading Others*
> [Guíese a sí mismo antes de asistir a otros]

"Steve Mickel es un hombre cuya amistad y camino de vida tengo en muy alta estima. Han pasado ya dieciocho años y veintidós días desde la partida de mi propio hijo. La tristeza no ha desaparecido y aun desconfío de palabras como "superar" y "propósito". Aunque sabía que Steve sería amable [en su relato], mi corazón se conmovió al sentir que alguien comprendía mi propio dolor. De allí que celebro contar con un hermano que me entiende. Al leer me sentí escoltado a los espacios más íntimos de la familia de Steve. Desde que terminé el libro, he percibido una paz que resurge, un aliento nuevo y más profundo en mi propia alma. Como hijo de Adán, quien recibió primero ese aliento, creo que tiene sentido que Aquél que destruirá a la muerte para siempre se complazca en este libro."

— BILL MAHNKE, director ejecutivo de *WaterCup Counseling*

A Chase, mi hijo mayor. Te amo tanto.

No puedo esperar a verte otra vez.

Índice

1

Cuando cae la noche

"Me siento como si estuviera en un vasto océano de tristeza, a la deriva, al antojo de las olas y el viento que sopla. El horizonte es lejano por donde se mire, y no sé hacia dónde me llevará la corriente. Paciencia. Mantente firme. No entres en pánico. El Señor del mar, el viento y las olas es también Señor sobre mi vida. He de descansar en Sus manos."

Diario personal, 24 de octubre de 2016

Cuando cada uno de mis cuatro hijos cumplía los 12 años, yo me encargaba de realizarle una especie de rito de iniciación. Llevaba a cada uno por separado a escalar el South Sister (una montaña de más de tres mil metros de altura a tan solo 30 minutos de nuestro hogar en Oregón) mientras les hablaba sobre lo que significa ser un hombre íntegro. Conversábamos sobre la influencia que tienen nuestras palabras para convertirnos en hombres que dicen la verdad y cuyas acciones coinciden con lo que creen. Hablábamos de la importancia de las relaciones y de cómo tratar a las mujeres con respeto y honor. Es sorprendente cuánto tiempo te escucha un adolescente cuando no tiene a dónde más ir en una larga excursión por la montaña.

Mis tres hijos mayores ya habían experimentado «la caminata con papá». Para el cumpleaños de mi hijo menor, decidimos darle un toque aun más épico. Iríamos juntos de excursión por la montaña… de noche. El plan era salir a las 11 p.m., con la luna en alto, y llegar a la cima a tiempo para el amanecer. Épico, ¿no?

Y para allá salimos. Estábamos muy entusiasmados. La luna brillaba tanto que no nos hicieron falta las linternas. Chase, mi hijo mayor, estaba de muy buen ánimo, aunque no en su mejor condición física. Cuando hicimos la excursión por primera vez a sus 12, él jugaba básquetbol todo el año y se encontraba en excelente forma. A los 20 ya se había inclinado más hacia la música, y podía sentir la diferencia en sus piernas. Si bien Chase comenzó la caminata con aire despreocupado (aunque con la euforia de un niño), mi segundo hijo, Hudson, parecía estar en una misión desde el primer paso. Los dos mayores siempre han sido los más competitivos entre sí, pero compartían un vínculo y una lealtad inquebrantables. El tercero, Kincade, disfrutaba la fraternidad del momento, y el menor, Spencer, desbordaba de la expectativa y la sensación de aventura que viene cuando se hace algo por primera vez. Yo me sentía el padre del siglo mientras caminábamos hacia la montaña, iluminada por la luz de la luna que se reflejaba en sus glaciares. El escenario era perfecto.

De camino a la cima, existe un sector que se debe subir de a uno, sobre cenizas de color rojo oscuro. Avanzas dos pasos hacia arriba y resbalas uno hacia atrás. Íbamos a la mitad de camino por ese tramo cuando la luna desapareció. Y no solo eso, además el viento empezó a soplar. Luego comenzó a llover y a caer granizo, y apenas podíamos ver la senda frente a nuestros pies.

Hice que los chicos se agruparan al lado de la montaña y les pregunté qué debíamos hacer. Si continuábamos subiendo, podíamos encontrar un clima más adverso. Y bajar sin luz suficiente para ver el camino podía ser riesgoso. Optamos por seguir avanzando, procurar alcanzar la cima, encontrar o levantar un refugio y resistir la tormenta.

Al leer esto, tal vez pienses que soy un hombre robusto y amante del aire libre. Ni mis amigos ni parientes me describirían así. De hecho, si hubiera dependido de mí, habríamos retornado en cuanto el clima comenzó a cambiar, pero mis muchachos se sintieron en la obligación de continuar. Así que oré durante el resto de la caminata para que Dios desviara el viento y el granizo y nos recompensara en la cima con un amanecer de belleza y magnificencia tales que jamás lo olvidásemos, a modo de confirmación duradera de nuestra decisión de seguir ascendiendo. Las cosas se pusieron peor.

Alcanzamos la cumbre apenas después de las 5 a.m. Para entonces, la lluvia y el granizo caían de lado y no pudimos encontrar resguardo ni encender una fogata. Nos acurrucamos bajo un par de mantas isotérmicas muy poco útiles (y al llamarlas «mantas», estoy siendo generoso). El temor de que algo terrible pudiera pasarle a alguno de mis muchachos aumentaba en mi interior. Aun así, sentía muchísimo orgullo por la valentía con que mis hijos permanecieron hombro a hombro conmigo y entre ellos.

Tras media hora de esperar a que la tormenta amainara, el viento y el granizo se detuvieron por un momento, así que decidimos descender con tanta rapidez y cuidado como nos fuese posible. Como a la mitad de la bajada por aquel sector de cenizas, el sol comenzó a salir y el viento, a sosegarse. Siempre es más rápido bajar que subir una montaña, y llegamos a nuestro auto sin problemas. Luego les di a los chicos instrucciones claras sobre cómo describirle la excursión a su madre al llegar a casa, así nos dejaría salir a divertirnos en otra ocasión.

Más tarde, al conversar con mis hijos, todos manifestaron que se preocuparon mucho por mí. (Al parecer, no oculté muy bien mi temor a morir congelado). Ellos, por otro lado, quedaron fascinados con toda la experiencia. Por supuesto que fue difícil, pero estuvieron justo en el lugar en que habían elegido, y sin importar las condiciones, aceptaron la situación como una aventura inolvidable.

Un año después, Chase se había ido.

En la oscuridad más densa

Cuando tenía 21, Chase decidió pasar el verano en un centro turístico apartado en la cordillera de las Cascadas. Allí trabajaría como barista. Estaba bastante entusiasmado con la idea de salir. No creo que quisiera alejarse de algo en particular, sino acercarse a aquello que anhelaba. Chase amaba la naturaleza. Le encantaba hacer excursiones largas, acampar y pasar tiempo en el bosque. Veía a Dios en esos escenarios. Él los llamaba los «lugares estrechos», donde el cielo se encontraba con la tierra de una forma especial, profunda. Allí reflexionaba sobre la vida y su relación con Dios y con los demás.

Durante el segundo día de trabajo de Chase en el complejo, nos pidió prestado el carro porque su medio de transporte habitual, una motoneta color rojo brillante de 150 cc, no era suficiente para llevar su tienda y demás pertenencias para acampar. Para mi esposa Suzanne y para mí, aquel no era más que un típico jueves por la mañana.

Condujimos hasta el trabajo y nos detuvimos en Dutch Bros para comprarnos un café. Cuando llegamos a la oficina de la iglesia, nos dirigimos a nuestros respectivos sectores, cada uno con su café en la mano. Como pastor principal, tenía que terminar de preparar un mensaje para los cultos del fin de semana, y Suzanne debía completar su trabajo como directora del departamento de misiones y evangelismo. No es poco común que haya interrupciones, así que Suzanne no lo pensó dos veces cuando nuestra recepcionista la llamó para pedirle que se acercara al vestíbulo. Pero allí se encontró con tres policías. Ellos le dijeron que tenían que hablar con nosotros, juntos. Suzanne le dio un golpecito a la puerta de mi oficina y los hizo pasar.

Todos nos sentamos. La tensión en el aire era perceptible. Conocíamos a uno de los policías, y él fue quien nos dijo: «Hubo un accidente automovilístico esta mañana. Su hijo Chase no sobrevivió. Lo lamento mucho». Nos quedamos ahí, sentados, esperando a que dijera algo más. O algo diferente. *¿Qué? ¿Quién? ¿Qué acaba de decir?*

Suzanne fue la primera en decir algo. «¿Nuestro hijo? ¿Qué quieres decir? ¿Dónde? ¿Muerto? ¿Estás diciendo que Chase murió? No, tiene que haber algún error». Entonces los policías sacaron la billetera de Chase y nos mostraron su licencia de conducir, la cual habían usado para identificarlo. Esta «prueba» no era suficiente para Suzanne; ella siguió haciendo preguntas a la policía, mientras comenzaba a balbucear y sollozar producto de la conmoción y la angustia. Yo no daba crédito a lo que estaba ocurriendo, tampoco pude servir de apoyo para Suzanne.

Estaba frenético. Sentía que debíamos hacer algo por Chase, como ir a verlo al hospital o encontrarnos con él en el lugar del accidente. Pero no nos dieron ninguna de esas opciones. Solo el estremecedor veredicto de que nuestro hijo se había ido. La noticia no tardó en esparcirse por el edificio, y nuestros compañeros de trabajo vinieron a consolarnos, mientras hacíamos llamadas para que trajeran a nuestros otros hijos a la oficina de la iglesia. Todo lo ocurrido aquel día es una mancha borrosa de dolor atroz, un llanto incontrolable y una desolación brutal.

El 16 de junio de 2016 es el día en que mi familia entera y yo nos sumergimos en la oscuridad más densa.

Cuando las luces se apagan

Más adelante supimos que Chase estaba conduciendo hacia el trabajo esa mañana; llegó a una curva sin visibilidad y muy probablemente se topó con uno de los tantos ciervos que habitan nuestra región. Hizo una maniobra para esquivarlo, y como resultado, el carro dio cuatro vueltas y le causó la muerte instantánea. El accidente afectó a una persona y un automóvil más, pero algo dentro de todos nosotros murió aquel día.

La muerte de un hijo es como si una luz brillante se extinguiera de repente en medio de la noche y uno ya no pueda ver nada hasta que sus ojos se adapten a la oscuridad. Lleva tiempo, pero poco a poco, uno comienza a identificar formas y texturas. Cualquier muerte puede ser así. Un cambio brusco de luz a oscuridad, donde muy lentamente se empieza a percibir lo que antes era familiar.

C. S. Lewis y Jerry Sittser relataron su propia experiencia de pérdida de seres queridos. Ellos emplean otra metáfora para describirla: las pérdidas cotidianas se asemejan a fracturarse una extremidad; la muerte es como una amputación. Uno puede perder el trabajo o ver cómo una relación se desmorona o que se averíe su auto. Estas cosas se acumulan y pueden quebrar a cualquiera, pero con el tiempo la herida va a sanar. Con el tiempo, se puede superar. Con el tiempo, va a mejorar. Es probable que quede una cicatriz, pero va a mejorar. Por el contrario, la muerte de un ser querido, y en especial la de un hijo, es similar a una extremidad amputada. No va a volver a crecer, y uno jamás será igual. Deberá aprender a caminar otra vez, sin la extremidad perdida.

En *A Grace Disguised* (Una gracia disfrazada), Sittser escribe que el duelo es como tratar de atrapar el sol mientras se está poniendo en el occidente. Siempre va a estar fuera del alcance y nunca vas a estar suficientemente cerca. Él sugiere que la única forma de volver a encontrar algo de luz en la vida es dar media vuelta y atravesar la oscuridad, y así «atrapar» el sol cuando esté saliendo (p. 41).

Un amigo me envió un mensaje de texto unos meses después de la muerte de Chase para expresar su esperanza de que yo pudiera «cerrar el capítulo». El cierre implica que el capítulo ha terminado y otro está empezando. Pero perder a alguien que amas cambia el resto del libro. Le da otra forma, redefine la vida y cómo se ve esta de allí en adelante. Y así debiese ser. Seguir como si no pasó nada y rehuir al dolor de la pérdida solo causará más daño en la vida y las relaciones actuales. Solo se puede aprender del duelo y tristeza, del quebranto y aflicción, cuando nos entregamos a estos.

Todos hemos experimentado ocasiones en que el camino está bien iluminado y podemos ver con claridad. Nos encontramos en un viaje lleno de gozo y risas, admirados por lo bueno que puede resultar la vida. También pasamos por otros momentos en que irrumpe la oscuridad y no sabemos cómo vamos a continuar. La muerte de un ser querido, la muerte de una relación, la muerte de nuestros sueños… todas estas cosas pueden dejarnos al filo de perder la fe. Cuando la vida nos defrauda, cuando sentimos que Dios nos ha defraudado, es fácil perder la confianza.

Las preguntas difíciles

Tal vez la pérdida o la muerte estén invadiendo tu vida de forma inesperada e intentas hacerte camino entre tu propio dolor o el de quienes te rodean. También lo viví. En las páginas que siguen, no me verás pasar por alto las preguntas difíciles que todos nos hacemos. Más bien encontrarás a un cristiano de años de lucha con verdades que creía asimiladas acerca de Dios y de sí mismo, con la esperanza de redescubrir algo firme a qué aferrarse luego de que su mundo se desplomara ante sus ojos.

Muchos de nosotros nos aferramos a verdades que nos enseñaron de niños. Las recibimos sin cuestionarlas, pero es cuestión de tiempo hasta que suceda algo en nuestra vida que no concuerde con lo que nos dijeron. Lo que ocurre a continuación es de extrema importancia. Podemos apartarnos con demasiada rapidez de aquellas verdades y simplemente llegar a la conclusión de que lo que creíamos no era verdad; podemos aferrarnos a esas verdades con la firmeza de una fe ciega de modo que, a la larga, perdamos la confianza en ellas y en la vida; o podemos cuestionar esas verdades en profundidad y ver qué hay de real y digno de confianza en ellas, que es lo que yo he procurado hacer.

Mi travesía se ha colmado de más preguntas y menos respuestas. Como seguidor de Jesús y pastor, sentí la presión de no cuestionar nada referente a Dios. *¿Cómo me atrevería? ¿Quién me he creído? ¿Qué pensará la gente?* Pero tenía preguntas para las que el cristiano estándar no tenía respuestas suficientemente satisfactorias. *¿Cómo pudo Dios hacerme esto? ¿Dónde estaba? ¿Acaso es bueno? ¿Es digno de confianza? ¿Está en control? ¿Siquiera existe?*

También sufrí la presión de fingir hasta que se volviera realidad, poner cara de fuerte y declarar que «Dios es bueno todo el tiempo, y todo el tiempo, Dios es bueno». Ni podría hacerlo ni lo haré jamás. Pretender que todo está bien no es vida para nadie. Dar respuestas simplistas a la angustia que experimentamos en esta vida es una deshonra no solo a la forma en que Dios nos creó, sino también a las preciosas relaciones que Él nos ha otorgado.

Esto no significa que sepamos atravesar los duelos y permitir que la muerte nos enseñe sobre el valor de la vida. La muerte y la pérdida son cosas que procuramos evitar a toda costa, y cuando vienen, queremos cruzar el dolor a toda prisa para volver a la vida normal lo antes posible. Yo he luchado con Dios por asuntos propios, familiares y de mi comunidad. Pero hallé a un Dios dispuesto a escuchar mis clamores y cuestionamientos, y mis creencias se encontraron más firmes y sólidas. Las verdades antiguas encontraron su camino de regreso a mí en formas más profundas de las que podría haber imaginado antes de que Chase muriera. Pero lleva tiempo. A dos años del accidente, todavía me encuentro en medio del proceso. No está todo resuelto. Todavía tengo preguntas.

Luego de perder a tres miembros de su familia en un accidente automovilístico, Sittser describió cómo, a partir de su pérdida, surgió la exploración de un nuevo mundo de significado. «No es la experiencia de la pérdida lo que se vuelve el momento determinante de nuestras vidas [...]. Es cómo *respondemos* a esa pérdida lo que importa [...]. Para mostrar que es posible vivir esta pérdida y permitir que nos haga crecer, aun mientras seguimos experimentándola». (p. 17-18, trad. libre).

La muerte puede consumir, pero también transformar. Sería fácil para mí permitir que la muerte de mi primogénito determinara quién soy. Desde luego que mi vida jamás será igual. Y tampoco debiese serlo. Como Samsagaz Gamyi le dijo a Frodo en *Las dos torres*: «Todavía hay algo bueno en este mundo, y vale la pena luchar por él». Yo creo que todavía existe el bien en el mundo. Sin embargo, me llevó mucho tiempo estar dispuesto a buscarlo, y aún más a luchar por él.

No escribí este libro desde la densa oscuridad que fue mi realidad por muchos, muchos meses. Más bien, registré en él mi lucha, mi búsqueda y mi esfuerzo por permitir que la luz vuelva, poco a poco, a iluminar mi senda. Verás, yo sigo creyendo. Todavía creo que Dios tiene el control sobre mi vida y la tuya. Creo que Él es bueno y fiel. Pero no solo porque la Biblia lo dice así. Sigo creyendo porque, al caminar por la vía del sufrimiento profundo, he experimentado su presencia permanente.

Brennan Manning escribió en su libro *Ruthless Trust* (Confianza implacable): «Solo quien ha pasado por ello, quien ha bebido las sobras de nuestra misma copa de dolor, quien ha experimentado la soledad existencial y la alienación de la condición humana osa susurrarnos el nombre del Santo en medio nuestra aflicción indecible. Solo tal testigo es fiable y solo tal amor es creíble» (p. 44).

Quiero susurrarte algunas cosas que he redescubierto acerca de Dios mientras bebía de una copa que jamás quise y experimentaba una soledad a la que mi alma apenas ha sobrevivido. Existen verdades a las que no podemos acceder totalmente y relaciones que seguirán siendo superficiales hasta que atravesemos juntos el valle de sombra de muerte. Solo en este lugar vemos con claridad; solo aquí experimentamos una conexión real. Agrupados en la cima de una montaña, mientras el temor invadía mi corazón, viví uno de los encuentros más cercanos y significativos que he tenido con mis hijos. En ese momento se creó un vínculo que no habría existido si no hubiese sido por la oscuridad y dificultad que compartimos. Nuestras vidas se entrelazan en medio del sufrimiento, y podemos aprender muchísimo del otro mientras caminamos lado a lado.

Considera el resto de este libro un faro que te guiará a través de la oscuridad. No iluminará todo el camino que tienes delante, pero puede ayudarte a dar el siguiente paso y, con el tiempo, a salir de la penumbra que te rodea ahora. La luz viene de formas y en fases distintas para todos. Para algunos llega rápido, mientras que para otros tarda mucho más tiempo. Mi esperanza es que encuentres en este libro un lugar seguro donde explorar tus preguntas y dudas cuando la vida no tiene sentido; y que a través de los sentimientos y pensamientos que compartiré contigo, descubras que tienes permiso para cuestionar lo que tal vez creías a ciegas, y aliento para ahondar en tus propias relaciones y tu fe. Por último, oro para que este libro sea un compañero sincero y compasivo en tu propia excursión por las montañas de tu vida. Que en medio de lo que podría ser un lugar de densa oscuridad, encuentres un destello de luz y esperanza.

2

Una esperanza que perdura

"Le pido a Dios, fuente de esperanza, que los llene completamente de alegría y paz, porque confían en él. Entonces rebosarán de una esperanza segura mediante el poder del Espíritu Santo."

Romanos 15:13 (NTV)

Cuatro meses después de la muerte de Chase, toqué fondo. Las preguntas retumbaban en mi alma, me tomaban como rehén de la ansiedad y no me permitían descansar bien. *¿Podría haber evitado que él condujera a Twin Lakes esa mañana? ¿Por qué no intenté impedir que trabajara en un sitio tan apartado? Tal vez yo debería haberlo llevado hasta allá. ¿Podría esto ser mi culpa?* Allí estaba, cuestionándome qué hice y no hice para causar su muerte. *Quizá no soy del todo buen padre.* Incluso pensé por un momento que Dios podría haberse llevado a Chase por algo malo que yo había hecho (y tengo una larga lista de cosas que podrían caber en esa descripción).

Una de las primeras historias de la Biblia que me inundó la mente el día después de que los policías nos dieran la noticia fue el relato de 2 Samuel 11 y 12, el romance de David con Betsabé. Ella estaba casada con Urías, y cuando este fue a la guerra (donde David debería haber estado), David se acostó con ella y, como resultado, ella quedó embarazada. David hizo que mataran a Urías, y cuando el bebé nació, «Jehová hirió al niño que la mujer de Urías había dado a David, y enfermó gravemente» (2 Samuel 12:15, RV60). Siete días más tarde, el niño murió.

Luego de que mi hijo muriera, esta historia se volvió un tormento para mí. Sentía culpa, vergüenza, y me surgieron más preguntas. *¿Dios sigue castigándonos por los pecados que cometemos en la forma en que castigó a David y a otros en el Antiguo Testamento?* Esto me hizo añicos por dentro.

Ya no sabía qué hacer conmigo mismo, así que hice lo único que sabía: trabajar. Las relaciones que tengo con las personas con las que trabajo me vivifican, y necesitaba un poco de normalidad. Pero, por supuesto, lo cierto es que estaba rehuyendo de la oscuridad y procurando cubrir la herida. Comencé a «silenciar» todo tipo de emociones. Era demasiado doloroso. Cada pequeña porción de tristeza desembocaba en un torrente de remordimiento y ansiedad. Cualquier momento de alegría me hacía sentir culpable.

¿Sabes qué es un zombi? En mi familia hay personas que están preparadas para un apocalipsis zombi. ¡No estoy exagerando! Jamás he visto uno, pero por lo que me dicen mis parientes, los zombis no sienten nada. Andan deambulando y balbuceando para sí, sin ninguna razón de ser. Mientras iba por la vida en modo zombi, no me esforcé mucho para permitir que mi tristeza me hablara. Me rehusé a yacer en la quietud y soledad que vienen luego de perder a un hijo.

Tras un par de meses en adormecimiento, tuve que admitir que no podía concentrarme en Dios ni escuchar su voz. Así es la descripción de mi cargo como pastor. Pero mi módem emocional no captaba señal. Suzanne y yo habíamos sido el sostén el uno del otro durante las primeras semanas y meses de oscuridad, pero ahora la alejaba. Ella podía ver la desesperación en mis ojos y estaba preocupada. Y yo no podía brindarle tranquilidad, pues también estaba preocupado... por mi alma.

Todo era oscuridad. Estaba triste, enfadado, confundido y deprimido. Estaba enojado con Dios, avergonzado por no poder hacer nada para aliviar el dolor de mi esposa y de mis hijos, estaba completamente exhausto. Era incapaz de ver cómo iba a continuar. Sentía que la vida era demasiado dura ahora. Cuando le confesé a mi equipo ejecutivo la condición de mi alma, ellos respondieron con gran amor e interés por mí y mi familia. Como resultado, mi esposa y yo nos apartamos por tres meses para tomar un descanso del trabajo y las realidades diarias de esta vida difícil.

Durante ese período, pasé tiempo con los escritos de tres compañeros que también experimentaron la desesperanzadora embestida de la muerte: Nicholas Wolterstorff, quien escribió *Lament for a Son* [Lamento por un hijo] tras perder a su hijo en un accidente mientras escalaba una montaña; Jerry Sittser, autor de *A Grace Disguised* [Una gracia disfrazada] luego de que él y tres de sus hijos sobrevivieran a un accidente automovilístico en el cual perdió a su esposa, una hija y a su madre; y C. S. Lewis, quien escribió *Una pena en observación*, en donde reflexiona acerca de la muerte del amor de su vida, su esposa, Helen Joy. Estos tres hombres tuvieron un impacto tremendo en mi travesía por el valle de sombra de muerte, y estaré por siempre agradecido por su influencia durante los momentos más oscuros de mi vida. Ellos me ayudaron a resistir la tentación de tomar la vía fácil, que habría sido simplemente culparme a mí mismo o a Dios. Pude recordar lo que sabía en lo profundo de mi ser: la muerte de Chase fue un accidente. Nadie tuvo la culpa. Tratar de encontrar un responsable fue un esfuerzo inútil que solo logró dejarme perdido en un montón de preguntas. La vía más difícil me instaba a enfrentar las interrogantes y dudas que tenía sobre Dios y a permitirle que me hablara a través de otros que ya han pasado por ese fuego.

En retrospectiva

En nuestro período sabático, Suzanne y yo viajamos a todos los lugares en los que habíamos vivido con Chase.

Uno de esos lugares era Croacia, donde servimos como misioneros por cinco años. Chase tenía solo seis años cuando nos mudamos allí. Para preparar a los tres muchachos, les dijimos que nos estábamos yendo a una aventura única en la vida y que la experimentaríamos juntos. Lo que no hicimos, sin embargo, fue prepararlos para la barrera del idioma o el aislamiento que acompaña a quien se muda lejos de todos sus familiares y amigos. Chase era un pequeño niño tranquilo y de corazón tierno, y la mayoría de los jóvenes croatas son fuertes, y no rompen en llanto fácilmente. En nuestro primer año allí, Suzanne se sentaba en el cuarto de Chase cuando él lloraba por las noches porque extrañaba a sus primos y amigos. Pero su tímida valentía no tardó en aparecer y, al combinarse con el ímpetu y la audacia de su hermano Hudson, el resultado fue que a los tres les encantara Croacia.

Cada tarde de verano la pasamos yendo al mar, y casi todos los días del año caminamos por el centro de la ciudad. Los chicos aprendieron a jugar al fútbol en callejones empedrados y a comprar pan recién horneado en la panadería de la esquina. Allí asistieron al colegio, aprendieron el idioma e hicieron muchos amigos. Regresamos a los Estados Unidos cuando Chase tenía 11.

En los siguientes, y últimos, diez años de su vida, Chase solo tenía cosas buenas que decir sobre su tiempo de infancia en Croacia. Siempre hablaba de volver, así que sentimos que nosotros necesitábamos ir para comenzar a sanar.

Durante nuestro tiempo de descanso en Croacia, aprovechamos los días para visitar lugares familiares, sentarnos en el centro de la ciudad y recordar cómo jugaban nuestros chicos en las calles empedradas, además de pasar tiempo con amigos. A menudo llorábamos juntos, y ellos estaban dispuestos a sentarse a compartir nuestros recuerdos y nuestro duelo con nosotros. Fue en uno de esos momentos que mi amigo Nebojsa describió otra forma de ver la vida: en lugar de pensar en el pasado como algo que está detrás nuestro y el futuro como algo que está delante, imagina que la vida es como remar en un bote. El bote sigue avanzando hacia el futuro, pero quien rema no mira hacia adelante; en su lugar sino se ubica al lado de los remos mirando hacia atrás. Para avanzar, uno debe mirar hacia atrás. Wolterstorff lo describe de la siguiente manera: «Debemos asirnos del pasado para recordarlo y no dejar que se nos escape. Pues en la historia encontramos a Dios» (p. 28, trad. libre).

Lo peor que podemos hacer cuando enfrentamos la adversidad es apartarnos de Dios. Sin duda me vi tentado a «mostrarle el dedo del medio» y seguir con mi vida. Pero procurar vivir sin Él, como argumento más adelante en este libro, es más aterrador que los riesgos de vivir con Él. Lo cierto es que la bondad y la fidelidad de Dios, de las que dan fe un sinnúmero de personas a lo largo de la historia, nos respaldan mientras remamos entre las olas. Para llegar lejos debemos tomar nuestro tiempo, corregir el curso de tanto en tanto y aferrarnos con uñas y dientes cuando llegan el viento y las olas feroces. No podemos detener las olas de dolor, y si intentamos distraernos de ellas, terminamos mareándonos. Es como el mareo por movimiento que experimenta mi esposa cuando quiere distraerse en un viaje largo y mira su teléfono o intenta leer un libro.

Las distracciones aparecen con distintas caras para cada persona: trabajo, conductas adictivas, placeres, pensamientos negativos, malas decisiones relacionales…y la lista continúa. Uno puede llegar a creer que las distracciones le están ayudando a atravesar el dolor, pero solo prolongan la agonía. Tarde o temprano, debemos batirnos en duelo con nuestra angustia y establecer cómo volver a encontrar vida a pesar de la tragedia o el trauma.

Debes saber que no me siento particularmente valiente ante este tipo de búsqueda. En momentos es insoportable, llena de incertidumbre; y a menudo, al encontrar una respuesta, solo se desbloquea un nuevo grupo de preguntas. Mientras escribo estas palabras, mi familia acaba de sufrir otra pérdida. Es realmente difícil de comprender: nuestro sobrino de veintiún años (el hijo de la hermana de mi esposa) murió de forma trágica en un accidente automovilístico apenas dieciocho meses después de que nuestro propio hijo de veintiún años muriera también en un accidente automovilístico; para empeorar las cosas, esto sucedió tres días antes del cumpleaños de Chase. Luego, mientras se estaba editando la copia final de este libro, mi padre, Glen Mickel, falleció tras una larga batalla contra una enfermedad cardiaca.

Las palabras que sigo escuchando de parte de mi familia son: «No deberíamos estar pasando por esto». Desearía con todo mi corazón que mi hijo, mi sobrino y mi padre estuvieran aún con nosotros, así como desearía que mi hermano menor, quien murió a los 33 años, estuviera aún con nosotros. Pero —aunque no me complazco en decirlo— lo cierto es que jamás se nos prometió una vida fácil y sin pesares. No creo que merezcamos el dolor y el sufrimiento que experimentamos, pero como expresó C. S. Lewis: «Me habían advertido – y yo mismo estaba sobre aviso – que no contara con la felicidad terrenal. Incluso ella y yo nos habíamos prometido sufrimientos. Eso formaba parte del programa. Nos habían dicho: "Bienaventurados los que lloran", y yo lo aceptaba. No me ha pasado nada que no tuviera previsto» (p. 17). Jesús nos dijo que íbamos a sufrir, que quienes lloran son bienaventurados (Juan 16:33; Mateo 5:4). Al igual que Lewis, yo sabía estas verdades en la teoría, pero la muerte de Chase me obligó a ponerlas a prueba.

Esperanza e incertidumbre

Como crecí en una familia cristiana, pensaba que comprendía los caminos de Dios. Luego de ocho años de entrenamiento en el seminario y de leer la Biblia completa un sinnúmero de veces, pensé que sabía prácticamente todo lo que se podía saber acerca de Él. Pensaba que lo tenía descifrado. Hasta que se llevó a mi hijo, o permitió que mi hijo muriera, dudas que exploraremos juntos, y descubrí cuán poco sabía de Él.

Otra forma de ponerlo es que mi comprensión de Dios era del tamaño del estado en el que crecí: Oregón.

Podía escalar el Smith Rock, cruzar la cordillera de las Cascadas hasta Cabo Perpetua en motocicleta, conducir por el monte Hood hasta la tienda de café preferida de nuestro hijo en Portland, Coava... Se podía decir que conocía Oregón muy bien. Pero del resto de los Estados Unidos... no había visto mucho, así que en realidad mi conocimiento del país se limitaba al tamaño de un estado. (Y cuán pequeño es ese conocimiento en proporción al continente, al mundo y al universo). ¡Cuán poco sabemos acerca de Dios y de sus caminos!

¿Y qué pasa si Dios es mucho, mucho más grande de lo que nuestra mente finita puede comprender? De todos los libros escritos, la Biblia es la que lo describe con mayor detalle, pero cómo la leemos, depende en gran medida de miles de años de cultura, contexto e interpretación. ¡Es un milagro que podamos conocerle en absoluto!

Esto es lo que sí sé: tanto en la Biblia como en la creación que nos rodea y las relaciones que significan mucho para nosotros, encontramos material suficiente para creer en Dios. Y hasta para confiar en Él. ¿Es más fácil creer que Dios simplemente no existe? Tal vez respondas que sí, que es más fácil. Pero que sea más simple y sencillo no quita la pregunta: ¿Qué pasa si en verdad existe?

Muchos ven la fe como a una muleta, un mero mecanismo de apoyo que nos ayuda a sentirnos mejor. Pero, para ser sincero, yo necesito una muleta. La vida me ha dejado cojeando. No tengo cómo responder a los «porqués» del dolor, pero elijo contemplar la oscuridad de la muerte y encontrar algo a lo que valga la pena aferrarse; de otra manera, los fallecimientos de mi hijo, mi sobrino, mi padre y la de otros seres queridos no tienen sentido.

Wolterstorff escribe: «He de ver el mundo a través de lágrimas. Tal vez así vea cosas que no podría ver con ojos secos» (p. 26, trad. libre). La muerte de Chase me hizo ver más de lo que jamás había visto. Para mí, el riesgo de creer y confiar en Dios pesa más que el riesgo de rechazarlo. La Biblia dice «La hierba se seca y las flores se marchitan, pero la palabra de nuestro Dios permanece para siempre» (Isaías 40:8, NTV). Yo prefiero estar en manos de un Dios eterno que me creó que a merced de los caprichos de este mundo. Y aunque a veces mi fe en Dios me lleve por caminos inciertos, la patria a donde me dirijo es muchísimo mejor que cualquier cosa que este mundo pueda ofrecerme. He descubierto que la existencia de Dios da sentido a todo lo demás: a los altibajos, a las alegrías y las tristezas. Su presencia conmigo es la razón de mi esperanza.

Habiendo dicho eso, la esperanza puede ser escurridiza. En un instante está aquí y al siguiente, ya no. Durante la excursión por South Sister, yo no tenía duda de que mis muchachos y yo podíamos llegar a la cima. Pero cuando irrumpió la tormenta, esa confianza se mezcló con duda sobre lo que podía ocurrir. Yo no sabía qué nos esperaba más arriba, o incluso en cada paso que dábamos. Muchas veces en la vida llegamos a la intersección de la esperanza y la incertidumbre. Durante las semanas y meses posteriores a la muerte de Chase, me sentía incompleto, desesperado y ciego. No sabía qué vendría después. No sabía si podría soportarlo. Luché con la fe, luché con la confianza y luché con preguntas como: *¿Acaso Dios me ama? ¿Fue todo una farsa? ¿Acaso la iglesia solo me metió ideas en la cabeza desde que era niño y al final no son reales?*

No soy el primero que lucha con estos cuestionamientos. Al lidiar con la muerte de su esposa, C. S. Lewis escribió: «Pero vete hacia Él cuando tu necesidad es desesperada, cuando cualquier otra ayuda te ha resultado vana, ¿y con qué te encuentras? Con una puerta que te cierran en las narices, con un ruido de cerrojos, un cerrojazo de doble vuelta en el interior. Y después de esto, el silencio [...]. No es que yo corra demasiado peligro de dejar de creer en Dios, o por lo menos no me lo parece. El verdadero peligro está en empezar a pensar tan horriblemente mal de Él» (p. 6).

Así se sentía después de que Chase muriera. Todo lo que oía era silencio. ¿Dónde iría? ¿Dónde encontraría a Dios otra vez? Consideré que, tal vez, Él no *era*. Tal vez, todo lo que nuestros colegios públicos nos enseñan acerca de cómo se creó el universo y la humanidad es cierto. Todo es producto de la casualidad, y solo los más fuertes sobreviven. Pensar esto era más aterrador que pensar en la ausencia de Dios en medio de mi tristeza. Lo que podía ver en un mundo sin Dios era desolación, desesperanza y una ausencia total de sentido y propósito en la vida.

Por supuesto que podemos encontrar gozo, belleza y sentido en nuestras vidas sin creer en Dios. Pero ¿dónde se originan estos tesoros espirituales? Tenemos tanto potencial para el bien en nosotros. Poseemos tanta fortaleza para hacer frente a las tormentas y caminar por el fuego. Tenemos la capacidad de sobreponernos a la desesperación e incluso de encontrarle sentido. Sin duda, lo mejor de nosotros debe venir de algún lugar o de Alguien, y tal vez esa sea prueba suficiente de que Dios existe.

Pero esto nos lleva a preguntarnos: si Dios realmente existe, ¿qué clase de Dios es? Esa es la verdadera duda. En medio del sufrimiento y la pérdida, cada uno de nosotros debe decidir qué creer acerca de Dios y acerca de la vida. Lo que creamos de Dios determinará si habremos de confiar en Él o no. Lo que Dios promete (si nos aferramos a ello) es que podemos tener esperanza cuando todo lo demás se desmorona. Nadie puede quitárnosla.

La película *Sueños de Fuga*[1] es sobre la esperanza. Trata de un grupo de prisioneros en la cárcel Shawshank. El personaje principal, Andy, parece nunca perder la esperanza, aun cuando es «el único tipo en Shawshank que no debería estar ahí». En una escena, él está a cargo de la biblioteca de la cárcel y acaba de recibir una nueva donación de libros y discos de vinilo. En un momento, logra hacer que el guardia que lo estaba vigilando quede encerrando en el baño y procede a poner música de Mozart en los altavoces para que toda la gente de la cárcel pudiera escucharla. El mejor amigo de Andy, Red, describe aquel momento cuando se empezó a escuchar la

---

[1] NT: el título original es *The Shawshank Redemption*, traducido por *Sueños de Fuga* en México, Colombia, Chile, Perú y Venezuela. En Argentina se tradujo como *Sueños de Libertad*.

música y los cantos comenzaron a llenar el patio de la prisión. Él dice: «Té diré que esas voces se elevaban más alto y más lejos de lo que alguien en un lugar oscuro se atreve a soñar. Era como si una bella ave hubiera llegado a nuestras insignificantes jaulas sombrías y hubiera deshecho los barrotes, y por un breve momento, todos los hombres de Shawshank nos sentimos libres».

A Andy le dieron dos meses en confinamiento solitario por esta hazaña, y al salir, le cuenta a Red por qué lo hizo: «Hay lugares en el mundo que no están hechos de piedra, […] hay algo en nuestro interior adonde no llegan; que no pueden tocar. Es tuyo, solo tuyo […]. Esperanza […]. La esperanza es algo bueno. Tal vez, lo mejor. Y lo bueno nunca muere».

La esperanza que Dios promete nos llega especialmente en esas oscuras y sombrías jaulas de tristeza y desesperación. Una esperanza que perdura se basa en creer ciertas cosas sobre quién es Dios y en elegir seguirle, aun cuando el camino es oscuro.

Una de mis conversaciones preferidas entre Jesús y sus amigos se da cuando muchos habían dejado de seguirle porque algunas de sus enseñanzas eran muy difíciles de comprender. Él se volvió a Pedro y a los demás que estaban con ellos y les preguntó si también se iban a ir.

Pedro respondió: «Señor, ¿a quién iremos? Tú tienes palabras de vida eterna. Y nosotros hemos creído y conocido que tú eres el Santo de Dios» (Juan 6:68-69, LBLA).

Seré el primero en decirte que no es sencillo seguir a Dios cuando es invisible. Hay momentos en que he sentido que Dios estaba siendo cruel y jugando al escondite conmigo. La oscuridad no me permitía verle, incluso cuando Él estaba a la vista. Pero cuando consideraba renunciar a Dios, mi fe me recordó que no hay otro lugar donde la esperanza se pueda encontrar. Cuando estaba a punto de abandonar mi búsqueda, seguí adelante, y volví a encontrarme con Él.

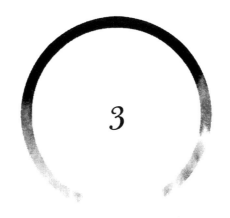

3

Un asunto de confianza

"Pero el dolor insiste en ser atendido. Dios nos susurra en nuestros placeres, nos habla en nuestra conciencia, pero nos grita en nuestros dolores: es su megáfono para despertar a un mundo sordo. [...] Implanta la bandera de la verdad en el fuerte del hombre rebelde."

C.S. LEWIS, El problema del dolor (p. 96)

La noche de nuestra excursión, la montaña parecía hacerse más y más grande mientras más se oscurecía. Nuestro avance se desaceleró debido a que nos arrastrábamos. En muchas ocasiones, consideré dar media vuelta y dejar el intento para otra noche. Pero de los cinco, cuatro ya habíamos estado en esa montaña una o más veces. Cuando llegaron las nubes, sabíamos que estábamos cerca de la cima. Conocíamos esa senda desgastada que nosotros y otros habíamos tomado. Sí, era de noche y no podíamos ver, pero algo más comenzó a dominar en aquellos momentos. La determinación y la valentía, por supuesto, pero también un discernimiento del camino hacia nuestro destino. La pregunta era: ¿íbamos a confiar en lo que sabíamos? ¿Íbamos a confiar en lo que ya habíamos experimentado?

Al explorar en profundidad mi propio sufrimiento y considerar el que experimentaron tantos en todo el mundo, encontré oscuridad y capas de maldad que pueden hacer que confiar en Dios sea sobremanera difícil. «¿Es Dios digno de confianza?» es la pregunta fundamental de nuestra generación. Miles de personas han llegado a la conclusión de que no lo es, y abandonaron la iglesia. Pero me pregunto si tal vez dejaron de buscar e indagar demasiado pronto. ¿Miraron hacia atrás y observaron las historias de fidelidad de Dios en sus propias vidas y en las de otros, o solo vieron sus circunstancias presentes para sustentar su teoría?

Cada uno de nosotros puede decidir si recordará y se fiará de la senda desgastada del conocimiento y la experiencia previa que tenemos sobre quién es Dios. Lo que creemos acerca de Dios determinará si confiamos en Él. Si no lo hacemos, no podemos poner nuestra esperanza en Él. Y si no ponemos nuestra esperanza en Él, jamás experimentaremos gozo y paz en esta vida turbulenta.

Pero hay un problema: la confianza se gana a través de lo que uno hace o no hace. Cuando la vida nos aplasta y parece que Dios nos abandonó a un destino incierto, ¿cómo confiar en Él?

Algunos religiosos dirán sin pensar demasiado que Dios es digno de confianza. Sin embargo, si se les cuestiona cómo lo saben, simplemente dicen (como si todos los supieran y creyeran): «La Biblia lo dice así». Pero los clichés y las respuestas fáciles no son de mucha ayuda cuando las penumbras cubren nuestro camino.

Promesas, promesas

Una historia particularmente poderosa acerca de la confianza en Dios es el relato de Abraham y su hijo Isaac. La Biblia dice que Abraham le creyó a Dios y se le reconoció como mérito (Génesis 15:6; Romanos 4:3; Gálatas 3:6; Hebreos 11:17-19). En otras palabras, Abraham recibió recompensa por su fe en Dios. Y el viaje de Abraham fue difícil. No siempre le resultó fácil creer.

En los tiempos de Abraham, era común que se sacrificara niños. Esto nos resulta extraño en nuestros días, pero Abraham nació en una sociedad supersticiosa. Se creía que, para apaciguar a los dioses, uno debía sacrificar lo que consideraba más valioso, sus hijos. Pero Dios le había prometido a Abraham que se daría a luz a muchas naciones a través de su vida, a través de sus hijos. Abraham estaba envejeciendo y con su esposa Sara aún no habían tenido descendientes. Cuando tenía casi 100 años (leíste bien) y todavía ningún hijo, decidió tomar las riendas del asunto. Durmió con la sierva de su esposa y tuvo un hijo, Ismael. Pero luego Dios le dio otro hijo a Abraham: Isaac, esta vez, por medio de Sara. Dios le dijo a Abraham que este era el niño a través del cual Él cumpliría su promesa (Génesis 21:12).

¿Sabes qué hizo Dios luego? Le pidió a Abraham que sacrificara a Isaac. Si alguna vez escuchas a un predicador decir que es fácil confiar en Dios, pregúntale sobre esta historia. Cuando comienzas a creer que ya comprendes a Dios, Él hace o permite algo que pondrá tu fe bajo presión y tu compromiso a prueba. Pasó con Abraham, me pasó a mí, e imagino que también te ha ocurrido a ti.

Pero vemos en Abraham a alguien que eligió confiar en Dios a pesar de las apariencias y de lo que podía ver. El autor de Hebreos describe lo que Abraham estaba pensando cuando llevó a su hijo prometido al monte para sacrificarlo: «Abraham llegó a la conclusión de que si Isaac moría, Dios tenía el poder para volverlo a la vida» (Hebreos 11:19, NTV). Abraham le tomó la palabra a Dios. Creyó que Dios era capaz de salvar a Isaac y que, de uno u otro modo, Dios haría algo para cumplir su promesa.

Ponte en los zapatos de Abraham. En su penoso camino cuesta arriba, con el cuchillo en el bolsillo, Abraham debió haberse preguntado: «Dios, ¿eres bueno? Dios, ¿te comprometes a cumplir tus promesas? No entiendo esta senda que has puesto delante de mis pies. No coincide con lo que conozco de tu carácter». Aun así, Abraham eligió poner su fe en lo que creía y seguiría creyendo acerca de Él. «Dios, yo creo que cumplirás lo que has prometido». Abraham se aferró a su fe, y al final Dios cumplió su parte, y libró a su hijo Isaac.

Tal vez te preguntes: *¿Qué tiene que ver esto con la pérdida y la aflicción que yo estoy experimentando?* En lo que queda de este libro, intentaré dar respuesta a eso. No es que cuente con información privilegiada acerca de por qué Dios obra en nuestras vidas como lo hace, pero incluso tras una pérdida horrible, sigo creyendo que puedo confiar en Él. Mi fe se fundamenta en lo que Dios dice de sí mismo. La alternativa es creer que Él está presente pero no muy interesado en mi vida; o que sí le interesa, pero no puede hacer nada respecto a mi sufrimiento; o que sí puede hacer algo, pero en su lugar elige abandonarme. Yo pienso que hay una opción mejor.

Las tres «c» de la confianza

Stephen Hacker, un buen amigo y asesor en liderazgo que va a la iglesia en que soy pastor, ha asesorado a líderes y organizaciones de todo el mundo. Escribió un breve libro sobre la confianza en las organizaciones basada en «Las tres "c" de la confianza». Stephen afirma que si los líderes (o entidades) siguen estas tres simples verdades, pueden construir una cultura de confianza. Las tres «C» de la confianza referidas a la fiabilidad de líderes y organizaciones son:

1) ¿Son *capaces*? ¿Realmente tienen el poder para hacer lo que dicen que pretenden hacer?

2) ¿Están *comprometidos*? ¿El compromiso que exhiben no se limita solo a su propia visión y misión, sino que también abarca el bienestar de las personas a quienes sirven?

3) ¿Son *congruentes*? ¿Efectivamente hacen lo que dicen que harán?

Stephen diseñó una evaluación de fiabilidad basada en estas tres «C» para determinar en qué medida creemos o no que Dios es digno de confianza. Elaboró un sistema para evaluar la confianza personal en Dios según lo que creemos acerca de Él.

Es fascinante descubrir dónde se encuentra nuestro nivel de confianza en Dios con sinceridad. Separa quince minutos para visitar **www.walkinginthedark.org** y realiza la evaluación gratuita de fiabilidad (*Free Trust Assessment*). El resultado podría sorprenderte. La evaluación ofrece recursos personalizados y herramientas para una mayor reflexión y así ayudarte a crecer en tu confianza en Dios.

La primera vez que Stephen y yo conversamos sobre esta evaluación fue antes de que Chase muriera. Yo sabía qué «debía» decir para «demostrar» que Dios es digno de confianza y que yo confiaba en Él de todo corazón. Mi fe se basaba en lo que mis maestros de escuela dominical me habían enseñado muy bien: Dios es capaz, está comprometido y es congruente. Y en efecto, la Biblia es clara en que Dios es las tres cosas: Él es capaz (puede hacer lo que dice que puede hacer), está comprometido con nosotros (nos ama y quiere lo mejor para nosotros) y es congruente (no solo puede hacer lo que dice que puede hacer, sino que además *hace* lo que dice que puede hacer). Pero la Biblia también revela que, a veces, Dios no hace lo que sabemos que puede hacer. A veces, Él no hace lo que podría parecer que quiere hacer. Y a veces, no parece congruente en absoluto.

Lo interesante es que estas no son de las historias que escuché en la escuela dominical; de ahí la frustración y la dificultad que tengo para confiar en Dios cuando las cosas no salen como planeaba. Luego de que mi hijo muriera, las historias de la escuela dominical ya no fueron suficientes. Me vi forzado a mirar más de cerca y a hacer más preguntas. Lo que con el tiempo encontré en medio de mi lucha fue una fe más sólida en la fiabilidad de Dios. Esta yace sobre el fundamento firme de las tres 'c'.

¿Es Dios capaz?

¿Puede Dios hacer lo que sea que quiera hacer? ¿Es todopoderoso? Hay dos palabras que describen la capacidad de Dios: su omnipotencia y su soberanía. La mayoría de los cristianos dirían que Dios es omnipotente, que puede hacer todas las cosas. Y la mayoría diría que es soberano, que tiene el control, sobre todas las cosas. De algún modo, Él está orquestando los eventos de nuestro mundo. Pero (para ser honestos) si creemos esto, se nos presenta un dilema a la hora de confiar en Él.

Por ejemplo, si crees que Dios es totalmente capaz, ¿también crees que Él tenía el poder y la omnipotencia para impedir que mi hijo muriera en un accidente automovilístico? Si crees en la soberanía de Dios, entonces debes responder «sí» a esta pregunta. Él podría haberlo evitado, pero eligió no hacerlo. No hay cómo negarlo si crees en la soberanía de Dios. No puedes decir: «Bueno, hay maldad en este mundo y a veces esta gana, y en esas ocasiones Dios no está realmente a cargo». En definitiva, Dios tiene el control o no lo tiene.

Muchas personas inteligentes y llenas de fe han decidido creer que Dios está limitado; es decir, que no tiene poder sobre todo lo que ocurre en el universo. Pero cuando se les pregunta, muchos de los que creen que Dios no es omnipotente por lo general dicen que Él simplemente elige limitar su poder. Él se contiene para no actuar en cada situación.

Yo opino que, de por sí, este concepto también revela su omnipotencia. Tal vez Dios se limita, pero esto no quiere decir que no tenga el poder, la capacidad, de intervenir, lo que por ende lo hace soberano. Este es un asunto complejo, un tema que da para mucho debate incluso en ámbitos cristianos; así que le he dedicado todo el capítulo siguiente.

¿Está Dios comprometido?

Si creemos que Dios tiene el control, entonces nos queda la pregunta acerca de cuán comprometido está con nuestro bienestar. En algún momento de nuestras vidas, tendremos que conciliar el compromiso de Dios para con nosotros frente a su capacidad de ayudarnos, o no lograremos confiar en Él.

Una opción es creer que Dios es todopoderoso, pero no bondadoso. Sugerir esto es aterrador. Si hay una deidad soberana que no es buena, si hay un dios omnipotente que es malvado, entonces nos convendría correr a escondernos y mantenernos fuera de su vista. Pero considera esto: si un dios todopoderoso y cruel está al mando, entonces ¿por qué permitiría que hubiera algo de bien en el mundo? ¿Por qué aún seguiríamos aquí? ¿Por qué no enviar otro diluvio y acabar con todo? Por el hecho de que todavía no lo hizo, y por muchas otras razones que abordaremos en este libro, es difícil para mí catalogar a Dios de «malvado».

Quienquiera que me conoce sabe que soy un gran fan de *Star Wars*. Una de mis partes preferidas de *El retorno del jedi* es cuando Luke habla con Leia sobre su padre, Anakin (*Darth Vader*, perdón por arruinarte el final si has estado dormido los últimos treinta años). «Aún hay bondad en él». Todavía hay bondad en nosotros y en este mundo. Y la bondad y la belleza que vemos y experimentamos deben venir de algún lado. Me niego a aferrarme a una cosmovisión nihilista, carente de sentido y amor. En el capítulo 5 explicaré por qué sigo creyendo que Dios es bueno, aun cuando tenemos sufrimiento en este mundo.

¿Es Dios congruente?

La tercera 'c' de la confianza requiere que se crea en la congruencia de Dios. ¿Alguna vez has comparado el Antiguo y el Nuevo Testamento y te has preguntado: «¿Es el mismo Dios?»? Si no es congruente, ¿cómo podemos confiar en Él? ¿Cómo saber cuál versión de Dios nos tocará esta semana? ¿Hará caer su juicio sobre nosotros, o nos tratará con amor y gracia? Tal vez pienses: «Dios ama al mundo, solo que no me ama a mí». O «Dios me ama, pero no creo que ame al mundo». Lo que creamos respecto de la congruencia y fidelidad de Dios para hacer lo que Él dice que hará es crucial para nuestra confianza en Él, así que ahondaré en esto en el capítulo 6.

Como escribí antes, la única forma de experimentar gozo y paz en esta vida es por medio de la confianza. Puede ser que te tome bastante esfuerzo determinar qué crees acerca de Dios, pero ese es el punto de partida.

Cuando pregunto: «Dios, ¿estás ahí? ¿Qué clase de Dios eres?», pienso en mi amigo Ken Johnson. Momentos después de recibir la noticia de la muerte de Chase, escuchamos que llamaban a la puerta de mi oficina. El pastor Ken, mentor por varios años y ex pastor de la iglesia que pastoreo ahora, vino y se sentó a mi lado en el sofá. Puso su mano sobre mi hombro y todo lo que dijo fue: «Lo lamento, lo lamento mucho». Podía oírlo orar en voz baja sentado allí. No dijo nada más de forma directa, ni a Suzanne ni a mí. Ni citó las Escrituras ni nos dijo que miremos el lado positivo. Sí dijo más cosas más adelante, pero en nuestro momento más oscuro y de dolor más profundo, simplemente estuvo presente, cerca, llorando con nosotros, compartiendo nuestra tristeza.

Wolterstorff escribe: «¿Cómo perdurará la fe, oh Dios, si permites que se nos hiera y desgarre tanto? [...] Pero en lugar de escuchar una respuesta, divisamos a un Dios también herido y desgarrado. A través de nuestras lágrimas vemos las lágrimas de Dios. [...] En lugar de explicarnos nuestro sufrimiento, Dios lo comparte [con nosotros]» (p. 80-81, trad. libre). El comprender que Dios comparte mi sufrimiento o, mejor dicho, que yo comparto el suyo, ha sido crucial en mi proceso de sanidad. Dios vio cómo despreciaron, torturaron y crucificaron a su Hijo. Él sabe cómo se siente perder a un hijo, no porque pueda imaginarlo, sino porque también experimentó la pérdida temporal de uno. Desde el momento en que Chase murió, Dios ha estado llorándolo conmigo y mi familia. En Jesús, Dios se hizo carne y sangre, vivió en nuestros zapatos, experimentó nuestros dilemas. Y luego, en la cruz, tomó nuestro pecado y nuestra vergüenza y padeció una muerte horrible en nuestro lugar.

Dios no mira nuestro dolor desde arriba, sino desde adentro. Cuando pienso en nuestro amigo Ken sentado a nuestro lado, Dios me recuerda: «Steve, jamás te dejaré. No te dejaré abandonado o solo en medio de tu dolor y aflicción. Steve, sé lo que se siente perder un hijo. Sé cómo es. Estoy contigo». De todas las preguntas para las que todavía no recibo respuesta, hay una respuesta que tengo por segura: Dios está conmigo.

Sigo Creyendo

Cuando mis muchachos eran pequeños, yo jugaba a la lucha con ellos. Ellos esperaban y querían que yo pusiera todo de mí. Así que yo luchaba con ellos (con la fuerza apropiada para la edad) hasta que terminaban en el suelo gritando (en el buen sentido) por piedad. A medida que crecían, iba subiendo la intensidad de la lucha para que la experiencia siguiera siendo igual de «disfrutable».

Es importante notar que la lucha puede ser una forma de intimidad para los hombres. Desde luego que no para todos, pero para mí y mis muchachos esta era definitivamente una forma íntima de contacto en la relación padre-hijos. Entra en la historia del Antiguo Testamento sobre la lucha entre Jacob y Dios (Génesis 32:22-32). La pelea duró toda la noche. Aun cuando Dios hirió a Jacob, este no se rindió. Siguió enfrentándose con Él hasta que este lo bendijo.

Me doy cuenta de que, cuando caminas en la oscuridad, la tentación es rendirte demasiado pronto, o buscar soluciones fáciles para las presiones que mencionamos en este libro. Podríamos pensar que sería más sencillo simplemente creer que no hay Dios, o que Él no está en control, o que es Dios pero que no todo lo que la Biblia dice sobre Él es cierto, o que Él no está de nuestro lado, o que él no cumplirá lo que nos prometió. Pero creer cualquiera de esas cosas presenta sus propios desafíos.

¿Sabes cuál es la frase más poderosa en mi vida hoy? «Sigo Creyendo». Sigo creyendo que Dios es soberano, bueno y fiel. Todavía creo que puedo poner mi confianza en Él, sin importar lo que venga. Incluso ahora, que mi familia es sacudida por otra devastadora pérdida, las respuestas que voy encontrando mientras camino en la oscuridad van iluminando la senda que me queda por delante, aunque no siempre me gustan las respuestas que descubro.

Sí, sigo creyendo. Pero no llegué a este punto de la noche a la mañana. Me di cuenta de que no podría encontrar mi camino si demandaba respuestas a todas mis preguntas a la vez. Tenía que abordarlas una a una.

Espero que hagas lo mismo a medida que lees las páginas que siguen. Sumérgete en las Escrituras que uso como referencia. Toma los libros de C. S Lewis, Nicholas Wolterstorff y Jerry Sittser y aprende de su dolor y su fe. Tómalo con calma. Forcejea con tus cuestionamientos. Lucha con Dios. Esfuérzate por conocerlo como Él quiere ser conocido.

Antes de introducirnos de lleno en los desafíos de confiar en Dios, déjame hacer algunas advertencias.

Primero (y a esto lo sé muy bien), no existe respuesta que haga desaparecer tu dolor. De verdad, no la hay. Conocer a Dios no hace que esto pase. Y sospecho que no existe verdad alguna que haga desaparecer el sufrimiento que estás padeciendo a causa del desconsuelo y la tragedia en tu vida o en las de los demás. Cuesta oírlo, pero es importante que lo sepas.

Segundo, los asuntos que exploro en este libro han mantenido ocupadas las mentes de teólogos y filósofos por un largo tiempo, y ninguno ha llegado a conclusiones irrefutables sobre estos. Sé que esto suena como un descargo de responsabilidad, y eso es lo que es. No vengo a traer las respuestas a los dilemas de nadie. Pero lo que sí espero que este libro haga por ti es brindarte algo más a que aferrarte mientras atraviesas la oscuridad.

Tercero, a menudo hemos tratado a la Biblia como a un manual de instrucciones para la vida. Cuando tenemos un problema o necesitamos cambiar de trabajo o saber si a Dios le parece bien tal o cual decisión, acudimos a la Biblia en busca de respuestas. Ese no es el fin para el que se escribió. En su esencia más pura, la Biblia se escribió para ayudarnos a conocer quién es Dios de modo que podamos contender con las verdades que allí hay acerca de Él y acerca de nuestra relación con Él y con otros. Lewis escribió: «¿Puede un mortal hacerle a Dios preguntas que para Él no tengan respuesta? Fácil que sea así, creo yo. Todas las preguntas disparatadas carecen de respuesta. ¿Cuántas horas hay en una milla? ¿El amarillo es cuadrado o redondo? Lo más probable es que la mitad de las cuestiones que planteamos, la mitad de nuestros problemas teológicos y metafísicos sean algo por el estilo» (*Una pena en observación*, p. 69).

A pesar de que la Biblia no entrega respuestas cual máquina expendedora, creo que puede transformarnos ya que es viva y eficaz. Puede no darnos todas las respuestas que queramos, pero sí nos dará poder y sabiduría para nuestro andar.

Hace poco hablaba con uno de los miembros de mi equipo acerca de su propia noche oscura del alma. La imagen que me vino a la mente, a la luz de la historia de Jacob, fue la de un cuadrilátero de boxeo. Le dije a mi amigo: «Tienes que meterte al cuadrilátero con Dios. Tienes que ponerte los guantes y enfrentarte a Él hasta que obtengas lo que necesitas, las respuestas que estás buscando y las bendiciones que anhelas. No te matará. Puede que te hiera un poco, como lo hizo con Jacob. Tal vez quedes cojo por el resto de tu vida. Pero también tendrás la clase de intimidad con Dios que solo se puede producir al luchar con Él».

Es mi esperanza que te quedes en el cuadrilátero con Dios durante el resto de este libro. He procurado representarlo lo mejor que pude con lo poco que cualquiera de nosotros puede saber acerca de Él. Se le *puede* conocer, y *quiere* bendecirnos, pero he descubierto que tanto conocerle como ser bendecidos implican meterse en el cuadrilátero con Él y luchar.

Para algunos de ustedes, esta será una travesía de intimidad cada vez más profunda en que, al extender los brazos y tocar a Dios, Él responderá con reciprocidad.

Para otros, será un viaje breve. Y para otros (como yo), se sentirá como una penosa subida por la montaña en medio de la noche. Afortunadamente, otros antes que nosotros han abierto un camino, uno que lleva a los brazos de un Dios digno de confianza.

4

¿Es Dios capaz?

*"Mi idea de Dios no es una idea divina. Hay que hacerla añicos
una vez y otra. La hace añicos Él mismo. Él es el gran
iconoclasta. ¿No podríamos incluso decir que su destrozo es una de
las señales de su presencia? La encarnación es el ejemplo por
excelencia; reduce a ruinas todas las nociones previas que del
Mesías pudieran tenerse."*

C.S. LEWIS, Una pena en observación (p. 28)

¿Alguna vez te has quemado la boca con una taza de café? Mi café favorito para llevar es negro, americano y muy CALIENTE. Así que cuando tomo el primer sorbo sin haber dejado que se entibie o sin haberle puesto un poco de hielo, ya no podré percibir ningún sabor por el resto del día. ¿De quién es la culpa cuando me quemo la boca? ¿Del barista? ¿De la máquina de expreso? O tal vez estoy bebiéndolo demasiado rápido. Quizá sea todo lo anterior.

Somos buenos para jugar a echar culpas; encontramos quién – o «que» – es responsable y lo declaramos culpable: el barista, la máquina de café, el agua caliente, a mí mismo por beberlo antes de que se enfríe lo suficiente… y así. Buscar la causa y el efecto de todo es parte de la naturaleza humana. Cuando algo sale bien queremos saber a quién agradecer, y cuando algo sale mal, queremos tener a quién culpar.

En 2017, el techo del gimnasio de una escuela primaria de mi comunidad colapsó por el peso de la nieve. Afortunadamente, ocurrió temprano cuando no había ningún niño en el edificio o cerca de este. Vi una publicación en Facebook que decía: «Por la gracia de Dios, no sucedió durante las horas de colegio». *Por la gracia de Dios*. Imagina que hubiera habido niños en el gimnasio esa mañana. Las publicaciones de Facebook habrían sido bastante diferentes.

La fe cristiana afirma que Dios está en control de todo. Cuando las cosas salen bien, le damos el crédito a Él; cuando no salen bien, nos preguntamos por qué no intervino de alguna manera. Vemos esto cada vez que hay un accidente aéreo, tiroteo masivo o cualquier acto de violencia. Una mujer de nuestra congregación me dijo: «Él es omnipotente, omnisciente, y si existe alguien que podría prevenir tragedias, es Él. Así que, si hay un Dios, ¿por qué permite que pasen cosas terribles en el mundo? He hecho esta pregunta muchas veces desde que mi padre falleció después de perder su horrible batalla contra el Alzheimer el año pasado. La he formulado cuando hay tiroteos masivos, ataques terroristas, choques frontales, accidentes extraños, etcétera».

Luego de que Chase muriera, me pregunté si Dios tenía el control. ¿Lo permitió? ¿Lo causó? ¿Simplemente no le importábamos? El sufrimiento en este mundo nos hace cuestionar la mismísima existencia de Dios, sin mencionar su capacidad de detener tragedias.

Jerry Sittser se hizo preguntas similares cuando la muerte tocó a su puerta. «Dios puede haber prometido perdón y amor incondicional. Pero me pregunté si podía confiar en un Dios que permitió o causó el sufrimiento en primer lugar. Mi pérdida hizo que Dios pareciera distante, apático, como si careciese del poder o deseo de evitarme el sufrimiento o de librarme de este» (p. 106, trad. libre).

«Dios, ¿dónde estás? ¿Qué estás haciendo?». Este ha sido mi propio clamor y súplica. «Ya es suficiente. Tu creación está maltrecha y abatida y estamos perdiendo la esperanza. Vuelve a mostrarnos tu misericordia».

¿Dónde nos deja esto cuando intentamos comprender cómo aparece Dios en la imagen de todo lo que pasa en la tierra? ¿Cómo puede un Dios soberano permitir que pasen cosas malas? Si Dios está en control de todo, ¿por qué no hace algo para evitar que suframos? ¿Dios causó la muerte de mi hijo? ¿Dios tiene la culpa de mi pérdida? La Biblia habla en repetidas ocasiones de cómo Dios protege a los pobres, defiende a las viudas y es padre de huérfanos, pero no siempre responde las preguntas acerca de cómo se volvieron pobres, viudas y huérfanos en primer lugar.

Como mencioné en el capítulo anterior, para poder confiar en un líder, una organización, un cónyuge, un padre o incluso en Dios, tenemos que confiar en que son capaces de hacer lo que dicen que pueden hacer. ¿Crees que mis hijos me habrían seguido hasta la cima de la montaña en medio de la noche si no hubieran creído que yo era capaz de guiarlos? No, habrían invitado a alguien más para que nos acompañe, alguien que pudiera hacer el trabajo. De ahí la tensión: experimentamos que algo no va bien y nos preguntamos si Dios tiene la capacidad de hacer algo al respecto.

Jerry Bridges escribe en su libro *Confiando en Dios*: «Si hay un evento particular en todo el universo que pueda ocurrir sin su control soberano, entonces no podemos confiar en Él. Su amor puede ser infinito, pero si su poder y su propósito pueden frustrarse, no podemos confiar en Él» (p. 39). De nuevo, ¿dónde nos deja esto? ¿Con un Dios impotente en manos de quien no nos atrevemos a encomendar nuestras vidas y nuestro mundo?

Para mí, la idea de que Dios *no* tiene el control me desconcierta tanto como la aseveración de que Él es responsable por el sufrimiento. Si Él no está en control, entonces ¿quién lo está? ¿Estamos dando vueltas por el espacio a más de 1,6 millones de kilómetros por hora y no hay nadie al volante? Si somos honestos, la mayoría de nosotros necesita saber que alguien o algo sostiene el mundo entero.

En Mateo 10, Jesús habló sobre el valor que Dios le da a la humanidad. Él preguntó: «¿Cuánto cuestan dos gorriones?» (Mateo 10:29, NTV). Jesús usaba ejemplos del mundo natural para explicar verdades del reino espiritual constantemente. Luego, dijo: «Aun así, ni uno de ellos cae a tierra sin que el Padre de ustedes lo permita» (RVC). Te animo a que leas la historia con atención. Jesús estaba diciendo que Dios sabe cuando algo tan pequeño como un gorrión cae al suelo para ilustrar cuánto más Él cuida de nosotros que de las aves del cielo. Pero presta atención a lo que Jesús no dijo: Él no dijo que Dios *hace* que el ave caiga al suelo, solo que Él sabe cuando ocurre.

¿Es Dios capaz de hacer que un ave caiga al suelo? Creo que, en su poder, sí lo es. Pero solo porque puede no quiere decir que lo haga. Lo que oigo a Jesús decir en este pasaje es que, así como Dios no causa que los gorriones caigan al suelo, tampoco causa las tragedias, la muerte o la desesperación en nuestras vidas. Sí, Dios está muy al tanto de todo lo que pasa en nuestro mundo, pero Él no es la fuente de nuestro sufrimiento. Él no está en el cielo manipulando las decisiones de las personas o creando conflictos entre razas o regiones. Él no es un gran titiritero que orquesta cada acontecimiento en la tierra. Él no decidió que ya era hora de que mi hijo estuviera con Él y, por tanto, provocó el accidente automovilístico de Chase. Mi hijo no fue un sacrificio en el altar del gran plan de Dios. Él no arrebató a Chase de mi mano para enseñarme una lección o forzarme a crecer. Nosotros nos aferramos a tales afirmaciones al buscarle explicación al sufrimiento, pero todas ellas carecen de sustento porque nacen de la falta de fe, de creencias supersticiosas en Dios o, sencillamente, del agotamiento de luchar con verdades más profundas.

Tal vez en ninguna parte de la Biblia vemos esto mejor representado que en las historias de Job, José y Jesús. En el resto de este capítulo, quiero ahondar en las historias de estos tres hombres, tres grandes en lo que a confiar en la capacidad de Dios se refiere. La idea de la omnipotencia y la soberanía de Dios es conflictiva para quienes están atravesando situaciones trágicas y terribles, pero como escribe Bridges: «Debemos dejar que la Biblia diga lo que tiene que decir, no lo que creemos que debería decir» (p. 103). Mi esperanza es que al internarnos en las experiencias de tres personas que sufrieron terriblemente, podamos descubrir o redescubrir una forma de confiar en un Dios que es completamente capaz, pero cuyos caminos son a menudo muy difíciles de comprender.

Algunas preguntas no tienen respuesta

«Al menos no soy Job». Estas palabras salieron de mi boca meses después de que Chase muriera, con algo de sarcasmo amargo, probablemente. Job perdió todo, no solo a un hijo, sino a todos. Y luego perdió su casa, su camioneta, incluso su perro, lo que ocasionó la composición de la primera canción más triste del mundo. Job no solo lo perdió todo: encima tenía «amigos» que lo visitaban a menudo para afirmar que él era el culpable de todo lo que le había pasado. Según lo que ellos creían sobre Dios (que tiene el control y, por ende, no enviaría este mal a la vida de un hombre inocente) si algo malo le había acontecido a Job, ¿de quién era la culpa? Los amigos de Job seguían diciéndole: «Job, deja de esconder tu pecado. Ven y dile a todos lo que has hecho y Dios te perdonará» (Job 4-5, mi paráfrasis).

Esta clase de diálogo se extendió del capítulo 4 al 23 de la historia de Job, y no le dio a él ni paz ni esperanza. Job trató de convencer a sus supuestos amigos de que no había hecho nada para merecer el dolor que estaba padeciendo. Luego declaró su inocencia ante Dios mismo: «No he hecho nada para merecer esto. De hecho, he vivido una vida bastante decente» (Job 29, mi paráfrasis). Recién entonces arremetió contra Dios. Básicamente, lo que hizo fue culpar a Dios por todo lo que había ocurrido. Pronunció estas palabras (y estoy tan agradecido de que Dios las haya dejado en la Biblia): «Te pido ayuda a gritos, pero no me respondes. Me levanto, pero no me prestas atención» (Job 30:20, PDT). «Te has convertido en mi verdugo y tu potente brazo se ceba en mí» (v. 21, BLP). «Me levantas, me haces cabalgar sobre el viento, y luego me deshaces en la tormenta. Porque sé que me conduces a la muerte, a la casa destinada para todos los vivientes» (vv. 22-23, RVA-2015).

Básicamente, Job reconoció la soberanía y el poder de Dios al culparle de su tormento. Job expresó lo que tenía que decir al Dios a quien creía responsable, y luego se dispuso a esperar a que Dios le respondiera. Job no insultó a Dios y luego salió corriendo. Job se quedó a la contienda. Se quedó en el cuadrilátero. Siguió subiendo la montaña.

Dios le respondió a Job, y el resultado son cinco capítulos fascinantes (Job 38-42). Dios ni siquiera le dio a Job explicación alguna sobre por qué permitió que este sufriera. En su lugar, le preguntó a Job: «¿Estabas tú ahí, Job, cuando creé el universo? ¿Estabas ahí cuando puse los planetas en movimiento? ¿Estabas ahí? ¿Sabes de lo que estás hablando? ¿Comprendes mi justicia? ¿O mis caminos?» (Job 38-41, mi paráfrasis). Job respondió: «Reconozco que todo lo puedes, que ningún proyecto se te resiste. [Dijiste:] "¿Quién es ese que confunde mis designios pronunciando tales desatinos?". Sí, hablé de cosas que no sabía, de maravillas que superan mi comprensión. [Dijiste:] "Escucha y déjame hablar; te preguntaré y tú me instruirás". Te conocía sólo de oídas, pero ahora te han visto mis ojos; por eso, me retracto y me arrepiento, tumbado en el polvo y la ceniza» (Job 42:1-6, BLP).

Job reconoció la soberanía de Dios y, al mismo tiempo, permitió que su sufrimiento le revelara más acerca de quién era él y de quién es Dios. Dios le ayudó a Job a comprender sus caminos y a Él mismo al mostrarle que Job no podía realmente comprender a Dios y sus caminos. Sittser escribe: «Job dejó de hacer preguntas no porque Dios lo intimidara, sino porque finalmente contempló la inconmensurable grandeza de Dios en su experiencia inmediata [...]. El encuentro con el Dios verdadero, sencillamente lo dejó sin preguntas por expresar. Descubrió que Dios es la respuesta a todas sus interrogantes» (p. 116, trad. libre).

¿Por qué la tormenta se nos vino encima justo antes de que llegáramos a la cima de la montaña? ¿Por qué rugió el viento y cayó granizo? ¿Por qué lo permitió Dios? ¿Por qué no lo detuvo? Estas no son malas preguntas, pero imagino que, si nos hubiéramos detenido en la ladera de la montaña a meditar sobre estos misterios, jamás habríamos continuado caminando en la oscuridad.

Estoy aprendiendo a hacer las preguntas sin dejar de caminar en la fe. No tardé en dejar de inquirir por qué las cosas se dieron de ese modo en nuestra excursión por la montaña para poder enfocarme en la excursión en sí. Solo el mantenerme en el camino y proteger a mis muchachos requería todo mi esfuerzo. Ya habría momento para hacer preguntas más profundas, pero sería después de haber descendido de la montaña. No estoy diciendo que no deberíamos cuestionarnos la capacidad y la soberanía de Dios, pero a veces, hacerlo en medio de nuestro dolor no es el momento apropiado. Seguir caminando y prestar atención a quienes nos rodean y también están sufriendo demanda toda nuestra energía, por poca que sea. Ya habrá un tiempo para luchar con Dios, pero por lo general, este no se da en la ladera de una montaña, sino al pie de ella, después de que la conmoción inicial ya se ha desvanecido.

Job también nos mostró que algunas preguntas quedan sin respuesta por el simple hecho de que no son las preguntas correctas. Nosotros intentamos darle sentido a todo lo que pasa en esta vida, incluso el «porqué» del dolor y el sufrimiento. Cuando sufrimos, ubicamos nuestra situación en el centro para descifrar el porqué. Job descifró que Dios, el creador del universo y de nosotros, es quien debe estar en el centro, no nosotros. Hasta que podamos ver a Dios allí, en el centro de todo, nuestro dolor y nuestras dudas siempre pesarán más que nuestra confianza en Él. He descubierto que es más beneficioso hacer preguntas como: *¿Qué me ha revelado mi pérdida sobre Dios y sobre mí mismo? ¿Qué es lo realmente importante para mí en esta vida? ¿Qué es lo realmente importante para Dios? ¿Cómo estoy cambiando?*

Otras preguntas como *¿Por qué permitió Dios que yo sufra?* o *¿Es Él quien lo causa?* no son malas preguntas, pero tal vez no sean las correctas para conducirnos a las respuestas que necesitamos.

Un propósito en todo

En Génesis 37-50, leemos sobre el segundo hombre del que quiero hablar. José era un jovencito arrogante que pensaba que iba a realizar grandes hazañas. Incluso predijo que sus hermanos mayores se inclinarían ante él y lo honrarían. Soy el tercero de cuatro hijos, y si les dijera a mi hermano y hermana mayores que soñé que se inclinaban ante mí, harían todo cuanto estuviera en su capacidad para *bajarme los humos*. Y eso es exactamente lo que hicieron los hermanos de José.

La situación se salió un poco de control (como puede pasar con las rivalidades entre hermanos), y terminaron echando a José en un pozo para asustarlo. Luego, algunos de los hermanos sugirieron que lo dejaran morir allí (bueno, no creo que mis hermanos me hubieran hecho eso). Uno de ellos, en el intento de salvar a José, sugirió que lo vendiesen en lugar de matarlo. A todos les gustó esta idea, así que lo vendieron como esclavo y José terminó muy lejos de casa, en la residencia de Potifar, el capitán de la guardia de Faraón.

Potifar trató bien a José. Dios le dio éxito en todo lo que hacía, y pronto, José estaba sirviendo a Potifar como su asistente personal, a cargo de toda su casa. Tal vez José pensaba que esta era la razón por la cual Dios había permitido que sus hermanos lo vendieran como esclavo. Pero entonces se movió el suelo bajo sus pies. Se levantó en su contra la falsa acusación de haber maltratado a la esposa de Potifar y fue encarcelado y olvidado durante años.

Imagina que eres José. Sin duda te estarías preguntando: *Dios, ¿qué pasó? ¿Dónde estás?* En unas pocas páginas llegamos al final de la historia de José. Lo liberaron de la prisión, interpretó un sueño de Faraón, se ganó su gratitud eterna y se convirtió en el segundo al mando en todo Egipto. Pero podemos pasar por alto algo muy importante entre las páginas de esta narración épica: José desconocía cómo terminaría su historia cuando estaba en el pozo y en la prisión. No tenía idea de qué pasaría ni sabía si Dios lo liberaría o por qué permitió o causó su sufrimiento en primer lugar. Y nosotros tampoco.

Esta es una razón por la cual algunos cristianos pueden ser tan irritantes cuando pasamos tiempos de sufrimiento: porque nos recuerdan el final de *la* historia, pero sin prestar mayor atención a *nuestra* historia. Sé que Dios hará que todo obre para bien, pero no siempre lo veo así, y no necesito que ningún cristiano sabiondo y pretencioso me lo repita constantemente. Necesito conocer a Dios. Necesito acercarme a Él. Necesito que Él me recuerde quién es Él y quién soy yo.

Sin duda hay momentos en que necesitamos que se nos recuerde que Dios está haciendo algo que no podemos ver, y que Él tiene el poder para redimirnos de nuestro padecimiento, pero estas palabras deben compartirse de la manera correcta y en el momento oportuno. El problema surge cuando personas bienintencionadas que procuran ayudar ofrecen porciones de las Escrituras a la ligera, sin comprender la profundidad del dolor que estamos experimentando. Como cité a Brennan Manning en el capítulo 1, algunas verdades deben ser susurradas, y solo por aquellos que han caminado a través del dolor profundo. Algunas cosas no pueden oírse hasta que el tiempo haya puesto distancia entre nosotros y nuestro dolor inmediato, hasta que hayamos descendido de la montaña.

Luego de la muerte de Chase, muchos padres cuyos hijos también habían fallecido vinieron a nosotros. No citaban versículos bíblicos para recordarnos que Dios tiene el control y que su voluntad es perfecta. En vez de eso, nos daban largos abrazos y nos compartían sus lágrimas comprensivas. Desde su posición parecían decir: «Sé cómo es esto porque he andado la senda en la que estás y voy más adelante que tú, y puedo ver más ahora de lo que podía entonces». Mientras nos miraban con un aire de complicidad, veía en ellos algo que me daba esperanza. Cuando preguntaba: «¿Se volverá más fácil?», ellos decían:

«Sí, pero es un viaje largo y la herida no cicatriza del todo jamás».

Ellos no trataban de justificar a Dios, ni necesitaban darme frases alentadoras para que la incomodidad de atestiguar mi sufrimiento les resultara más fácil de sobrellevar. Al mismo tiempo, sus miradas me decían que Dios había salido a su encuentro y que, tal vez, de alguna manera, lo haría también conmigo: no reemplazando lo que había perdido (como lo hizo con Job), o dándome más influencia (como lo hizo con José), pero de algún modo, Dios realizaría algo para redimir la pérdida de mi hijo.

José dijo algo tan poderoso e importante que quienquiera que está sufriendo debe oírlo. Cuando sus hermanos vinieron a Egipto a comprar comida durante la hambruna, José les dijo: «Así que no me enviaron ustedes acá, sino Dios» (Génesis 45:8, RVA 2015). Esta es una declaración sobre la soberanía de Dios. «Ustedes pensaron hacerme mal, pero Dios transformó ese mal en bien para lograr lo que hoy estamos viendo: salvar la vida de mucha gente» (Génesis 50:20, NVI).

Me imagino que José no llegó a esta conclusión sin haber luchado contra muchas preguntas y dudas. Su historia no nos da respuestas superficiales a los dilemas de la vida, pero sí revela que incluso cuando nos encontramos en un pozo o en una prisión, Dios sigue obrando. Incluso si Dios fue quien llevó a José a aquellos lugares (y no estoy seguro de si Dios lo llevó o permitió), lo hizo con un propósito que José no pudo ver ni comprender hasta décadas más tarde.

Me encanta lo que escribe Sittser: «La historia de José nos ayuda a ver que nuestras propias tragedias pueden ser un muy mal capítulo de un muy buen libro […]. La pérdida puede parecer fortuita, pero eso no quiere decir que lo sea» (p. 118-119, trad. libre). Nuestro dolor y sufrimiento puede parecer el mero resultado de un mundo enloquecido, del pecado original o de nuestro propio quebranto, y un sinnúmero de otras razones que no comprendemos del todo, pero Dios es suficientemente grande, poderoso y soberano para tomar lo malo que ha ocurrido y usarlo para crear, redimir y restaurar la vida a su estado propicio. No podemos evitar que Dios use lo que está mal para traer bien. Es lo que Él ama hacer.

He aquí otra reflexión que tomé de la historia de José. Él parecía aprovechar al máximo cada momento, tanto los dolorosos como los provechosos. Él fue ejemplo de lo que estoy aprendiendo: una vida de confianza «a pesar de». A pesar del pozo, a pesar de la prisión, a pesar de las falsas acusaciones, a pesar de la falta de oportunidad, a pesar del rechazo, José continuó caminando. Claro que luchó con la duda, pero vemos al final que jamás dejó de confiar y creer en que Dios tenía la capacidad de extraer algo bueno de todos los desastres de su vida. Su ejemplo me alienta a aprovechar al máximo cada momento, sean profundamente dolorosos o tremendamente provechosos.

Mientras fijo mi mirada en los que caminaron esta senda antes que yo, y vivieron para contar cómo Dios hizo algo bueno a través de su aflicción, resurge en mí la esperanza, y con ella, la confianza.

No se haga mi voluntad, sino la tuya

Ninguna persona en las Escrituras ha demostrado más fe en medio del sufrimiento que Jesús. Y, aun así, en su humanidad, en su momento de mayor desesperación al enfrentar su muerte inminente, Jesús oró: «¡Padre mío! Si es posible, que pase de mí esta copa de sufrimiento» (Mateo 26:39, NTV). En la cruz, Jesús exclamó el lamento de todos nosotros: «Dios mío, Dios mío, ¿por qué me has abandonado» (v. 46).

Si tú crees que Dios tiene el control, en algún momento de tu vida terminarás clamando oraciones similares. Cuando reconoces la soberanía de Dios, pero luego la vida no va como esperabas, podrías orar lo mismo que Job, José y Jesús: «Dios, ¿dónde estás?».

En medio de la noche oscura de mi alma, yo estaba convencido de que Dios me había abandonado, o al menos, que me estaba castigando. No podía ver más allá de ese instante ni aferrarme a lo que por tanto tiempo había creído. Incluso Jesús, el Dios-hombre, pasó por este tormento. Pero en última instancia, Jesús abrazó completamente la soberanía de Dios y se depositó por completo en las manos de su Padre. Jesús reconoció que Dios tenía el control, incluso en medio de la agonía y la tortura que experimentó en la cruz.

Antes de que Jesús fuese crucificado, Pilato, el oficial romano que lo lanzó al calabozo y que al final dio la orden de que lo mataran, le dijo a Jesús: «¿No te das cuenta de que tengo poder para ponerte en libertad o para mandar que te crucifiquen?» (Juan 19:10, NVI). La respuesta de Jesús revela la magnitud de su confianza en la soberanía de Dios. Él dijo: «No tendrías ningún poder sobre mí si no se te hubiera dado de arriba» (Juan 19:11, NVI). Vamos a digerir esta información: el mismo Jesús creía con tal fuerza en la soberanía de Dios, que proclamó que el poder de Dios invalida el poder de los líderes terrenales. Aun así, al sufrir una muerte horrible, también luchó a nivel emocional y espiritual con lo que estaba experimentando. Al final, Él siguió confiando en Dios y jamás le dio la espalda. Jamás dijo: «Esto es demasiado. Ya me hartaste, Padre». ¿Por qué? Porque Él conocía a Dios y entendía que sus propósitos son a menudo mucho más altos de lo que podemos comprender. En su agonía humana, Jesús pudo haber clamado pidiendo alivio, pero no cuestionó la soberanía de Dios. Jesús no creyó que Dios le estaba causando dolor solo para poder ser el héroe. Desde lo más profundo de la aflicción y el sufrimiento de Jesús, surgió una oración de confianza, entrega y rendición: «No se haga mi voluntad, sino la tuya» (Lucas 22:42, RV60).

Yo no sé por qué Dios permitió que mi propio hijo muriera. Desde mi posición al comienzo de mi duelo, no podía ver que algún buen propósito fuera a resultar de su muerte. Pero ahora puedo ver luz a la distancia, algo mucho más profundo que las explicaciones simplistas que se nos pueden ocurrir. Jesús mismo ilumina con su luz el camino frente a mí.

Dicho lo anterior, no creo que nuestra máxima meta en la vida sea encontrarle propósito a cada dolor. Más bien es descubrir la voluntad de Dios para nuestras vidas. Pasamos una cantidad enorme de tiempo intentando descubrir nuestro propósito y por qué existimos. ¿Qué pasaría si ocupáramos esa energía en intentar descubrir y vivir el propósito de Dios y encontrar el camino que Él nos ha trazado?

Desde las primeras páginas de la Biblia, a través de las historias de Job, José y Jesús, y ahora en las páginas de nuestras propias vidas, Dios está procurando tomar lo viejo y crear algo nuevo. Él quiere traer vida donde había muerte y esperanza donde había desesperación. Su propósito es crear un sendero de regreso a una relación con Él, y así restaurar y redimir todo para ese fin. Por eso estoy aprendiendo a orar, tras cada oración de desesperación, desesperanza y confusión: «No se haga mi voluntad, sino la tuya».

Los pensamientos de Dios no son nuestros pensamientos

Job, José y Jesús creían lo mismo: que Dios tiene el control. Pero eso no significa que siempre entendían o aceptaban sin problemas lo que Dios estaba planeando. Bridges escribe: «Con frecuencia la soberanía de Dios es cuestionada, porque el hombre no comprende lo que Él está haciendo. Puesto que *no* actúa como nosotros pensamos que debería hacerlo, concluimos que Él *no puede* obrar como creemos que lo haría» (p. 31).

Uno de los conflictos que nos surgen al abrazar la soberanía de Dios es que tendemos a ver la interacción entre Dios y el ser humano en el mismo nivel que la interacción entre un ser humano y otro. En Salmos 50:21, Dios dice de sí mismo: «pensaste que yo era tal como tú» (LBLA). Y no lo es. «Porque mis pensamientos no son los de ustedes, ni sus caminos son los míos», dice en Isaías 55:8 (NVI). Y en el versículo 9: «Así como los cielos son más altos que la tierra, también mis caminos y mis pensamientos son más altos que los caminos y pensamientos de ustedes» (RVC). Los caminos de Dios tienen lugar en una dimensión diferente a la que vivimos, pero eso no quiere decir que Él sea incapaz de involucrarse de manera significativa en nuestras vidas.

Cuando nos enteramos de que mi sobrino Adam había muerto, estábamos fuera del país. De camino a casa vi un joven en el aeropuerto con una camiseta que decía: «Confía en el destino». El punto fundamental de mi viaje a través de la pérdida había sido la pregunta: «¿Puedo seguir confiando en Dios?», y aquí estaba esta camiseta, burlándose de mi decisión (al menos así lo sentí en ese momento). Uno de los resultados colaterales de creer que Dios es soberano es el volverse fatalista. *Lo que haya de suceder, sucederá; no hay nada que yo pueda hacer al respecto.* Justo después de la muerte de Chase, dejé de orar por cosas específicas. Me preguntaba si la oración en realidad funcionaba. ¿Por qué orar si Dios conoce el principio y el final y nuestro destino ya está determinado?

Uno de los problemas aquí es que hemos hecho de la oración algo que tiene que ver más con nuestras necesidades y deseos que con Dios y su voluntad. Imagina si todas las conversaciones que tengo con mi esposa comenzaran con algo como: «Necesito… quiero… ¿puedo recibir… me darías… porqué hiciste tal cosa… por qué no hiciste tal cosa… cuándo harás tal cosa?». ¿Cuánto duraría ese matrimonio? Le daría un año, y eso, solo porque mi esposa es muy paciente conmigo.

He llegado a la conclusión de que la oración tiene que ver más con nosotros que con lo que Dios podría hacer por la manera como oramos. Orar es reconocer a diario que no tenemos el control. Así como Dios le recordó a Job, solo Él tiene el derecho y el poder de determinar cuándo soplarán los vientos y cuándo rugirán los océanos. Solo Dios puede ayudarnos a descansar en Él y en que su voluntad se hará en y a través de nuestras vidas, incluso cuando el cómo y el porqué de sus caminos están más allá de nuestra comprensión.

Esto no significa que deberíamos dejar de orar. Jesús nos enseñó a orar todos los días por provisión y para ser librados del mal. La oración es más poderosa cuando reconocemos que Dios tiene al mundo entero (incluso nuestro mundo personal) en sus manos. También existe evidencia en la Biblia de que nuestras oraciones mueven a Dios, incluso para cambiar lo que Él iba a hacer o permitir. ¿Confiaremos en Él y en su soberanía lo suficiente para seguir trayéndole nuestras peticiones?

Por favor, hazlo, ora para que Dios proteja a tus hijos. Ora a Dios por provisión diaria para ti. Ora para que Dios te proteja a ti y a tu familia del mal. Ora. Ora. Ora. Y luego, al final de cada oración, recuérdate a ti mismo: «No se haga mi voluntad, sino la tuya. Venga tu reino. Hágase tu voluntad, como en el cielo, así también en la tierra».

Elegimos creer

Mientras mi esposa y yo continuamos caminando por el aeropuerto, camino a estar con la familia tras la muerte de mi sobrino, yo buscaba el número de nuestra puerta de embarque. El vestíbulo era un pasillo largo lleno de personas de pared a pared. Solo podía ver un par de puertas frente a mí. Miré a Suzanne y le dije: «No tenemos idea de qué nos depara nuestra puerta. Solo podemos ver unos pocos pasos delante de nosotros. Más allá podría haber un terrorista o alguien regalando dinero. Solo podemos ver lo que vemos». Y seguimos caminando hacia lo desconocido con rumbo a la puerta B33. ¿Por qué? Porque elegimos hacerlo. Elegimos creer que estar con nuestra familia y compartir el duelo con ellos era más importante que quedarnos paralizados por el temor o el destino. En la ladera de aquella montaña, mis hijos y yo no sabíamos si en la cima la situación sería mejor o peor. Pero elegimos seguir caminando, juntos.

En mis días más oscuros tras la muerte de Chase, estaba furioso con Dios. Le grité descaradamente y pronuncié palabras que no pondré por escrito. Algunos religiosos tal vez me digan: «Cruzaste la línea, tienes que arrepentirte». Puede ser. Pero Dios me había decepcionado (al menos, así se sentía). Yo le entregué mi vida cuando tenía ocho años y jamás he vuelto a mirar atrás. Prometí servirle donde y como pudiese. He viajado por todo el mundo y visitado algunos de los lugares más pobres de nuestro planeta, por Él... para compartir su amor y gracia con las personas. Ha sido un privilegio y honor ser embajador suyo todos estos años. Así que ¿cómo pudo dejar morir a mi hijo? ¿Podría volver a confiar en Él alguna vez? Él no dio respuesta alguna a mis preguntas, pero pasó algo más, algo que no había anticipado.

En la película *En busca del destino*[2] se desarrolla una poderosa escena entre el personaje de Matt Damon (Will) y el de Robin Williams (el psiquiatra de Will, Sean). Will había sido abusado por su padre adoptivo, así que cuando Sean se acerca a Will con afecto, tanto en un nivel físico como emocional, Will lo aparta con un fuerte empujón. Sean no dio marcha atrás, sino que siguió acercándose más y más hasta que Will se rinde y se abrazan.

No puedo decirte cuál fue el momento exacto en que las cosas cambiaron entre Dios y yo luego de decidir meterme en el cuadrilátero con Él, pero hubo un momento en el que me di cuenta de que Dios no era

---

[2] NT: en México, el título de la película es traducido: *Mente indomable.*

responsable de la muerte de mi hijo, aun cuando Él es soberano. No llegué a esta conclusión por lo que la Biblia me dice sobre Dios, o por lo que mis experiencias pasadas podrían haberme enseñado, o por lo que otros me hubieran contado sobre Él. Lo supe porque finalmente abandoné mi postura defensiva y mis esfuerzos por comprender; y me quedé ahí en su abrazo mientras ambos llorábamos la muerte de mi hijo. No dejé de hacer preguntas; jamás lo haré. Pero ya no dejo que las preguntas obstruyan mi intimidad con Dios.

Lo que en verdad creemos acerca de Dios se vuelve evidente en las pruebas. Lo único que nadie puede quitarnos es lo que hemos elegido creer (incluso el joven de la camiseta del destino tiene fe en algo, y su fe no tiene poder para robarme la mía).

Lo que creamos sobre Dios, la vida, este mundo y nosotros mismos determinará la forma en que respondamos a la tragedia y a la pérdida. Uno de mis salmos preferidos en la Biblia dice: «Levanto la vista hacia las montañas, ¿viene de allí mi ayuda?». El salmista responde su propia pregunta: «¡Mi ayuda viene del SEÑOR, quien hizo el cielo y la tierra!» (Salmos 121:1-2, NTV). Él no dice: «mi dolor viene del Señor» o «mi tragedia viene del Señor», sino «mi ayuda viene del Señor».

La muerte de Chase ha desempolvado mi pasión por conocer a este Señor en mayor profundidad y por comprender sus caminos mejor que antes. Como mencioné en el capítulo 2, me he dado cuenta de cuán poco sé de Dios en realidad. Tampoco puedo ver más allá de este momento en el que me encuentro, y puedo ver de la eternidad aún mucho menos. No tengo el panorama completo de lo que Dios está haciendo en mí, en otros y en el mundo, incluso en medio del dolor y la pérdida. Pero, a pesar de que no puedo saber o ver todo, Dios es capaz, y conozco lo suficiente de Él para entregarle mi vida sin reservas; no sin dudas, pero sin reservas. Puedo decir con Job: «De oídas había oído hablar de ti, pero ahora te veo con mis propios ojos» (Job 42:5, NVI). Y ahora quiero conocer más.

Elijo confiar en un Dios que dice que conoce el principio y el fin y que quiere ayudarme; tan solo debo levantar la mirada. Todavía lucho con la duda de si es Él quien causa o no todas las cosas, si las permite o si está involucrado de alguna manera. Aunque todavía no entiendo por qué las cosas suceden como lo hacen, elijo creer esto: Dios tiene mi mundo y al mundo entero en sus manos, y puedo confiar en Él.

5

¿Está Dios comprometido?

"Proclamarán el recuerdo de tu inmensa bondad, y cantarán tu justicia. Clemente y misericordioso es Jehová, lento para la ira, y grande en misericordia. Bueno es Jehová para con todos, y la ternura de su amor sobre todas sus obras."

Salmo 145:7-9, RV77

En medio de la noche, en el peor momento de la tormenta, mis muchachos continuaron siguiéndome hasta la cima de aquella montaña, no solo porque ellos y otros ya habían estado allí, sino porque creían que papá podía llevarlos y traerlos de regreso a salvo. Ellos siguieron subiendo porque estaban seguros de que yo los amaba, y que quería lo mejor para ellos. Es probable que, en mi humanidad, a veces les haga preguntarse si estoy de su lado o en su contra. En ocasiones hago cosas que sé que son buenas para ellos pero, desde su perspectiva, pueden parecer duras y poco afectuosas. No obstante, todo lo que he procurado ser por mis hijos nació de mi corazón y de querer lo mejor para ellos.

A menudo no «sentimos» la presencia de Dios cuando estamos sufriendo y, por ende, cuestionamos su bondad. Pero la bondad de Dios no se basa únicamente en lo que sí experimentamos o no. Nuestras perspectivas no cambian el carácter de Dios. Él es quien Él es independientemente de lo que sintamos, lo sepamos o no. Piensa en la historia de Job una vez más. Lo que elijamos creer o no sobre Dios depende en su totalidad de nosotros, pero lo que creamos no cambia la esencia de quién es Dios… solo si confiamos o no en Él.

Es importante estar atentos a nuestro razonamiento detrás de por qué le creemos a Dios, pues este puede ser erróneo. He oído a personas decir: «Gracias a Dios, nací en los Estados Unidos». ¿Eso quiere decir que Dios es bueno contigo, pero no con quienes han nacido en ubicaciones geográficas menos afortunadas? Esto no solo parece ingenuo, sino también un poco arrogante. De manera similar, podría usar el regalo de mi increíble esposa y de mis cuatro maravillosos hijos como prueba de que Dios ha sido bueno conmigo. Pero ¿ves el problema inherente a definir la bondad de Dios de solo tomar como referencia lo que nos da o no nos da, lo que hace o no hace? Si usamos como única evidencia de la bondad de Dios las cosas buenas que tenemos, esta no pasará la prueba de la tragedia. Se desplomará bajo el peso de la oscuridad y las tormentas. Si Dios es bueno porque tengo una esposa asombrosa y cuatro hijos extraordinarios, entonces ¿sigue siendo bueno si pierdo esa esposa o a uno de esos hijos? Si Dios es bueno porque tengo un trabajo increíble, ¿sigue siendo bueno si pierdo ese trabajo?

Bo Stern es una comunicadora fantástica que forma parte de mi equipo de enseñanza y quien perdió a su esposo tras una batalla de cuatro años contra la esclerosis lateral amiotrófica. Ella relata lo que descubrió acerca de confiar en Dios mientras recorría su propio camino en la oscuridad. «Las personas cambian. Dios, no. Su carácter de ayer es el mismo hoy, así que puedo confiar en que *Él... es... bueno*. Siempre y de todas las maneras. Dios es bueno, y esa verdad sola es suficientemente fuerte para sostener el peso de mi vida y mi batalla» (p. 25, trad. libre).

Así que, ¿quién dice Dios que es? Antes de profundizar en la gran interrogante que se presenta en el siguiente capítulo (¿hace Dios lo que dice que hará?), primero debemos considerar lo que Él dice que *desea* hacer. ¿Él desea hacer el bien? ¿Está de nuestro lado o en nuestra contra? ¿Quiere que tengamos éxito o no? ¿Le importa cada detalle de nuestras vidas? ¿Está dispuesto a sacrificarse por nosotros? ¿Tiene algún límite su amor por nosotros? Tendemos a sostener las circunstancias como evidencia a favor o en contra del tema de la bondad de Dios, pero consideremos primero quién dice Él que es.

La bondad de Dios revelada en las Escrituras

Dios no solo se describe a sí mismo como alguien que *hace* el bien, sino que Él *es* el bien. A lo largo del Antiguo Testamento hay abundante evidencia de la bondad de Dios: su creación, su paciencia con Israel, su cuidado para con las viudas y los huérfanos. En Salmos 145, el rey David cita lo que Dios dijo de sí mismo a Moisés cientos de años atrás: «El Señor es misericordioso y compasivo, lento para enojarse y lleno de amor inagotable. El Señor es bueno con todos; desborda compasión sobre toda su creación» (Salmos 145:8-9, NTV). Dios se describió a sí mismo como misericordioso, compasivo, lento para la ira y lleno de un amor inagotable, todas características de su bondad. Muchos eruditos de la Biblia han sugerido que esta revelación de parte de Dios a Moisés indica que la bondad de Dios es la suma de todos sus atributos.

El autor neotestamentario Santiago escribe: «Toda buena dádiva y todo don perfecto descienden de lo alto, donde está el Padre que creó las lumbreras celestes, y que no cambia como los astros ni se mueve como las sombras» (Santiago 1:17, NVI). Podemos confiar en que Dios es bueno todo el tiempo, incluso cuando no lo parezca, porque Él no cambia como las sombras. Él no es bueno un momento y malo o vengativo al siguiente.

Mientras mis muchachos y yo subíamos la montaña, vimos muchas sombras. Era una tarde un tanto espeluznante, la luz de la luna producía sombras a diestra y a siniestra. Llegamos al punto más alto de una colina pequeña y vimos a nuestra derecha un par de ojos iluminados por nuestras linternas. No podíamos ver nada más. Por supuesto, asumimos lo peor, un oso o un lobo. Era un ciervo. Pero por un momento, nuestros corazones se aceleraron. La sombra se movía. No sabíamos si podíamos confiar en ella o no.

Había un seguidor de Jesús llamado Tomás que era honesto respecto a sus dudas. A Tomás le dijeron que Jesús estaba vivo luego de haber sido crucificado, y todos los demás, excepto Tomás, habían visto al Jesús resucitado en carne y hueso. Tomás reaccionó con sus célebres palabras: «Lo creeré cuando lo vea» (Juan 20:25, mi paráfrasis). ¿Alguna vez has dicho eso? Yo, sí. «Dios, creería en tu bondad si pudiera ver tu bondad». Tomás dijo: «Mientras no vea yo la marca de los clavos en sus manos, y meta mi dedo en las marcas y mi mano en su costado, no lo creeré» (Juan 20:25, NTV). No lo dijo con cinismo. Sus dudas eran genuinas y, tal como nosotros, estaba luchando con la fe después de una pérdida.

Muchos días después, los discípulos volvieron a reunirse, y esta vez Tomás estaba con ellos. Jesús apareció y se dirigió a Tomás para encontrarse con él, con dudas y todo. «Pon tu dedo aquí y mira mis manos; mete tu mano en la herida de mi costado. Ya no seas incrédulo. ¡Cree!» (Juan 20:27, NTV).

Cuando Jesús dijo estas palabras, Él nos tenía a ti y a mí en mente. Intentaba mostrarnos cómo su carácter se distingue del de todos y de todo lo demás, que pueden decepcionarnos. No siempre entenderemos lo que Él hace o lo que permite, pero podemos tener confianza en su amor por nosotros. ¿Sabes por qué tenemos las historias de Jesús? Para ayudarnos a creer que Dios es bueno. Ellas «se escribieron para que ustedes continúen creyendo que Jesús es el Mesías, el Hijo de Dios, y para que, al creer en él, tengan vida por el poder de su nombre» (Juan 20:31, NTV).

La bondad de Dios revelada en Jesús

El autor de Hebreos escribió sobre Jesús: «Él es el resplandor de su gloria y la expresión exacta de su naturaleza» (Hebreos 1:3, LBLA). Y Pablo escribió a los Colosenses: «Porque en él habita corporalmente toda la plenitud de la Deidad» (Colosenses 2:9, RVC). Si queremos ver lo que Dios quiere mostrarnos (que Él es bueno y que hace el bien), no necesitamos ir más lejos ni buscar en otro lugar más que en Jesús. Él es la totalidad de la bondad de Dios hecha manifiesta en forma humana. Bill Johnson, pastor de la iglesia Bethel en Redding,

California, escribió en su libro *Encountering the Goodness of God* [Encuentro con la bondad de Dios]: «Jesús vino a ubicar nuestro enfoque, nuestra atención y nuestro afecto en el Padre, que es bueno [...]. Él le puso rostro a esa bondad. Esta se personificó en Él. La bondad se volvió tangible» (p. 116s, trad. libre).

Jesús mismo fue muy claro sobre lo que intentaba realizar en la tierra como expresión de la bondad de Dios en Él: «...proclamar buenas noticias a los pobres; me ha enviado a proclamar libertad a los cautivos, a dar vista a los ciegos, a poner en libertad a los oprimidos y a proclamar el año de la buena voluntad del Señor» (Lucas 4:18-19, RVC). Revisemos cada una de sus intenciones por separado.

Jesús vino a proclamar buenas noticias a los pobres. Es interesante notar qué clase de personas seguían a Jesús. Había ricos y pobres, venían de familias estables e inestables. Algunos tenían trabajo y otros no. El común denominador en todos los que le seguían es que estaban buscando algo más que lo que tenían. Para aquellos, su proclamación de buenas noticias a los pobres resultaba atractiva.

El Evangelio según Mateo dice: «Y al ver la gran cantidad de gente que lo seguía, Jesús sintió mucha compasión, porque vio que era gente confundida, que no tenía quien la defendiera. ¡Parecían un rebaño de ovejas sin pastor!» (Mateo 9:36, TLA). Jesús vio nuestro verdadero estado (confundido y perdido) y fue movido de compasión. Él sintió nuestro dolor con nosotros.

Una pobre viuda impresionó a Jesús cuando vino al templo y dio todo lo que tenía (que era muy escaso). La cantidad que ella dio no fue lo que conmovió a Jesús, sino que entregó lo poco que tenía. Vemos la bondad de Dios en el hecho de que se enfocó sobre ella, tanto en su estado como en el sacrificio que hizo.

Jesús también animó a quienes querían ser sus seguidores a que se interesaran en particular en las necesidades de quienes los rodeaban. Desafió a un joven rico e importante a que vendiera todas sus posesiones y diera las ganancias a los pobres (Lucas 18:22-23).

Jesús no solo sintió compasión por los pobres, también se interesó de forma personal en las necesidades que tenían y enseñó a sus seguidores a hacer lo mismo. Una mujer vino a Él y derramó un frasco de perfume sobre su cabeza. Este acto sacrificial conmovió a Jesús, pero los discípulos pensaron que un mejor uso para el bálsamo hubiera sido venderlo y dar el dinero a los pobres. La respuesta de los discípulos revela que se había establecido entre ellos la práctica de dar a los pobres (Mateo 26:6-9). Luego de que Jesús muriera, resucitara y volviera al Padre, sus seguidores continuaron cuidando de los pobres que había entre ellos. Santiago animó a Pablo y Bernabé «que se acordaran de los pobres» en medio de su ministerio, cuando estos fueron enviados a realizar la obra misionera (Gálatas 2:10). ¿Por qué? Porque esto fue lo que la bondad de Dios en Cristo Jesús les había dejado como ejemplo.

Jesús vino a liberar a los cautivos y a poner en libertad a los oprimidos. Una y otra vez vemos a Jesús recuperar lo que el diablo, la religión y el mundo habían robado a las personas. Presta atención a la compasión en las palabras de Jesús en Lucas 13:34: «¡Jerusalén, Jerusalén, que matas a los profetas y apedreas a los que son enviados a ti! ¡Cuántas veces quise juntar a tus hijos, como junta la gallina a sus polluelos debajo de sus alas, y no quisiste!» (RVC).

A menudo, Jesús se refirió a sí mismo como un pastor. En Juan 10:11 (NVI), Él dijo: «Yo soy el buen pastor. El buen pastor da su vida por las ovejas». Su bondad se revela en su compromiso a sacrificarse para liberar a quienes estamos bajo la opresión, esclavizados, destrozados y cautivos. Justo antes de esto, Él hizo una de las declaraciones más profundas de sus breves 33 años. Dijo: «Yo soy la puerta de las ovejas. Todos los que vinieron antes que yo, eran bandidos y ladrones; por eso las ovejas no les hicieron caso. Yo soy la puerta del reino de Dios: cualquiera que entre por esta puerta, se salvará; podrá salir y entrar, y siempre encontrará alimento. Cuando el ladrón llega, se dedica a robar, matar y destruir. Yo he venido para que todos ustedes tengan vida, y para que la vivan plenamente» (Juan 10:7-10, TLA).

Jesús vio qué se le había robado a la humanidad: la vida. En su bondad, vino a restaurar esa vida. Su bondad abrió una puerta de oportunidad para encontrar descanso y protección. Juan reflexionaría sobre la venida de Jesús más adelante cuando escribió: «Para esto apareció el Hijo de Dios, para deshacer las obras del diablo» (1 Juan 3:8, RV60). Él vino a arreglar las cosas. ¿Por qué? Porque Él es Dios y Él es bueno. Jesús vino a derribar a la muerte y la opresión de un golpe al librarnos de las murallas que nos separaban de Dios.

Jesús vino a dar vista a los ciegos. El Nuevo Testamento relata muchas historias en que Jesús sana a los ciegos. En una oportunidad, sana a uno llamado Bartimeo (Marcos 10:46-52). Bartimeo le estaba gritando que tuviera misericordia de él. Le suplicaba sin parar.

Estaba haciendo una escena. Era vergonzoso. Jesús estaba ocupado. Iba de camino a hacer otras cosas. Pero, movido por la bondad de Dios manifestada en él, se detuvo y le preguntó: «¿Qué quieres que haga por ti?». Jesús sabía qué era lo que Bartimeo quería, y también sabía que este hombre ciego creía que Él podía sanarlo. En su compasión, Jesús elogió la fe de Bartimeo y le restauró la vista.

En otra ocasión, después de haber regresado al cielo, confrontó a Saulo, un notorio persecutor de aquellos que seguían a Jesús. Saulo viajaba por todas partes para sembrar terror en quienes habían entregado sus vidas a Jesús. Pero la bondad de Dios alcanza a todos los que no han hecho nada para ganarla o merecerla. Jesús se apareció a Saulo en una visión (la cual, por cierto, lo dejó ciego). Saulo abandonó de inmediato sus convicciones previas y creyó que Jesús era quien afirmaba ser. Luego, uno de los seguidores de Jesús, Ananías, oró por Saulo y Dios le restauró la vista (Hechos 9).

Jesús vino a proclamar el año de la buena voluntad del Señor. Cuando Jesús dijo estas palabras en Lucas 4, se encontraba leyendo el rollo de Isaías. Lo curioso es que dejó fuera una parte importante de la Escritura que estaba citando. Isaías escribió esto: «a proclamar el año de la buena voluntad de Jehová, y el día de venganza del Dios nuestro» (Isaías 61:2, RV60). Es parte de la misma oración, y aun así Jesús no citó la segunda porción del versículo. Los eruditos debaten por qué Jesús la dejó fuera, y mi convicción es que Jesús quería asegurarse de que todos supiéramos qué día estamos viviendo. No es el día de la venganza de Dios. Tal vez aquel día ya pasó, o tal vez aún está por venir, pero eso parecía no importarle a Jesús. Este día, *su* día, el día que estamos viviendo, importa para Jesús... y no es el día de su venganza.

Tomaría muchas páginas expresar por qué hoy es el año de la buena voluntad del Señor, pero en palabras simples, todo se resume a la obra de Jesús en la cruz para el perdón de nuestros pecados. Juan escribió en referencia a Jesús: «Él sacrificó su vida para quitar nuestros pecados y no sólo los nuestros, sino los de todo el mundo» (1 Juan 2:2, PDT)).

Para entender la bondad de Dios tal como se revela en la obra sacrificial de Jesús en nuestro lugar, debemos regresar al principio mismo. Quien lleva al menos un poco de tiempo en la iglesia ha oído mencionar «la caída» en referencia al resultado de una batalla que comenzó en el cielo. Dios creó todas las cosas, entre ellas, a los seres angelicales. Uno de esos seres decidió liderar una rebelión contra Dios. Según la narración, este ser y una porción de las huestes celestiales terminó en la tierra tras ser expulsados del cielo (Apocalipsis 12:7-12).

Toda gran historia cuenta con un adversario (o muchos) que se debe vencer. Los adversarios aquella noche que subimos la montaña con mis muchachos eran la oscuridad, la altura y el clima. Dios también tiene un adversario, lo cual significa que el mal juega un rol en el sufrimiento de este mundo. No podemos culpar de todo a Dios, ni a la maldad en la gente ni al diablo. Pero llega el momento en que debemos lidiar con la idea de Satanás; de lo contrario, trastabillaremos con la pregunta de si Dios causa el mal o si solo lo permite.

Hace muchos años, estaba fuera de Ridgecrest, California (en el desierto de Mojave), montando en una de las tantas motos todoterreno empolvadas que mi suegro tenía para que sus hijos y nietos usaran. Fui solo hasta una colina empinada y en la cima tomé algo de tiempo para observar el desierto y orar. Oí a Dios decirme con claridad: «Vas a ser zarandeado».

Habiendo crecido en la iglesia, supe de inmediato lo que esta palabra significaba. Hace referencia a un encuentro que Jesús tuvo con Simón Pedro en Lucas

22:31-32. Jesús le dijo: «Simón, Simón, Satanás ha pedido zarandear a cada uno de ustedes como si fueran trigo; pero yo he rogado en oración por ti, Simón, para que tu fe no falle, de modo que cuando te arrepientas y vuelvas a mí fortalezcas a tus hermanos» (NTV).

Así como Satanás hizo en el caso de Job, él consulta a Dios si puede arremeter contra su creación. Y el propósito de este ataque es lograr que nuestra fe en Dios falle. Dios permite las adversidades en nuestras vidas para probar nuestra fe o para hacerla crecer. E incluso cuando fallamos, Dios camina con nosotros. Pero jamás confundas quién es el verdadero enemigo de nuestras almas. Yo no sabía en aquel momento qué implicaría ser zarandeado. Ahora lo sé; implicó, al menos en parte, la muerte de mi hijo.

Jesús nos dijo que Dios es amor y vino en carne y hueso a dar inicio a la vida en su plenitud. Por el contrario, Satanás es un truhan, un bravucón y un destructor. El diablo es la personificación del mal, y hace todo lo que está en su poder para impedir que permanezcamos firmes y con fe. Este ha sido el caso desde que la humanidad posó sus pies en la tierra por primera vez.

En el primer capítulo de la Biblia, descubrimos que Dios creó a Adán y Eva a su imagen. Ellos gozaban de una relación perfecta con Él y el uno con el otro. Tenían una vida utópica, caminaban con Dios en un jardín frondoso, vivían eternamente, disfrutaban de todo lo que Dios había creado… No existía el pecado, la muerte, la enfermedad. Todo era dicha. Luego, tras caer del cielo, Satanás vio todo esto y decidió que cualquier amigo de Dios sería su enemigo. Cuando Eva compró la mentira de Satanás de que estaba bien que ella y Adán comieran del fruto del único árbol que Dios les comunicó que evitaran, él ya estaba siguiendo una estrategia para que los seres humanos perdieran su fe en Dios, le desobedecieran y, en última instancia, no confiaran en Él. La consecuencia de que Adán y Eva cayeran en el engaño fue la vergüenza y la separación. Ellos se escondieron de Dios, que es lo que hemos estado haciendo desde entonces.

Pero Dios no se quedó de brazos cruzados. Para conseguir que salgamos de nuestro escondite, Dios inició un plan que nos ayudaría a superar nuestra culpa y vergüenza: creó un sistema de sacrificios. Cuando las personas pecaban, debían sacrificar un animal para expiar sus transgresiones. Pero luego, en su bondad, Dios envió a Jesús como sustituto para cargar con el castigo de nuestro pecado. Por medio de su sacrificio en la cruz, Jesús expió los pecados de todos y cada uno de nosotros.

Para nosotros, este es el año de la inmerecida buena voluntad del Señor, la era de la gracia.

Esta buena noticia nos asegura que Dios no nos castiga por nuestras fallas, como yo temía que hubiera hecho en mi caso. ¿Alguna vez has oído que algún predicador le diera crédito a Dios por haber enviado algún desastre natural como castigo por nuestros pecados? Incluso las compañías de seguro llaman a los desastres naturales «actos de Dios»[3]. Pero cuando miramos a Jesús, la representación completa de Dios, vemos que Él jamás trajo enfermedad o muerte a la vida de nadie. Él jamás usó su autoridad para aumentar el impacto de una tormenta o traer calamidad al mundo. Él jamás ordenó a un tornado que arrasara con una aldea porque estuviera llena de personas terribles. En su lugar, sanó a muchos de los que venían a Él. No sanó a todos todo el tiempo, pero sí lo hizo con muchos de los que vinieron y se lo pidieron. Jesús no nos dejó evidencia alguna de que la tragedia y la adversidad fueran herramientas de Dios para castigarnos, hacernos mejores, quebrar nuestro orgullo ni nada por el estilo. No estoy diciendo que Dios no utiliza las tragedias para un fin mayor en nuestra existencia, pero Jesús jamás

---

[3] NT: en inglés, los seguros ante catástrofes naturales se definen como *acts of God*: «actos de Dios».

las *creó* en la vida de alguien para cumplir algún propósito cósmico más grande. No lo hizo, y punto. Él jamás fue la causa, sino que a menudo fue la solución.

En la Biblia, vemos la bondad de Dios en las acciones de Jesús una vez tras otra. No tenemos que buscar en ningún otro lugar para ver si Dios quiere ser bueno con nosotros. Podemos saber quién Dios dice ser a través de quién Jesús dice ser y por lo que hizo por aquellos a quienes amó… personas comunes y sencillas como tú y yo.

C. S. Lewis escribió: «Dejando aparte nuestros propios y más desesperados deseos, ¿qué razón tenemos para creer que Dios, [según] cualquier patrón que podamos concebir, es bueno? ¿Es que toda evidencia inmediata no sugiere exactamente lo contrario? ¿Qué podemos oponer a esto? Podemos oponer a Jesucristo» (p. 14). El célebre himno de Augustus Toplady publicado en 1776 nos recuerda quién es Jesús: «Roca de la eternidad, fuiste abierta tú por mí, sé mi escondedero fiel…». Ya no tenemos que escondernos de Dios ni huir de Él o preguntarnos si Dios está a nuestro favor o en nuestra contra. Podemos en verdad ser hallados en Él, en la hendidura de la roca que es Jesús.

La bondad de Dios revelada en la creación

Existen otras formas de ver qué quiere Dios para nosotros. Son menos evidentes que la vida de Jesús relatada en la Biblia, pero siguen siendo válidas cuando caminamos en la oscuridad. Creo que hay pruebas por todos lados a nuestro alrededor, pero para verlas debemos estar buscando su bondad de forma intencional.

Un lugar donde encuentro indicios importantes de la bondad de Dios es su creación. Cuando contemplo la belleza natural de este mundo, veo la bondad de Dios para conmigo en la clase de amor que debe haberla creado.

Vivo en uno de los lugares más bellos del mundo, Oregón Central. Tenemos lagos, montañas y prados escondidos. Veo la bondad de Dios en las montañas nevadas de la cordillera de las Cascadas, en las olas del mar a lo largo de la costa de Oregón y en las exhibiciones diarias de amaneceres y atardeceres. La razón principal por la cual mis hijos y yo subimos el South Sister tantas veces es por la belleza de la vista que nos espera en la cima. Te deja sin aliento estar de pie en lo alto de una montaña y ver las cimas de todas las demás montañas de la cordillera.

Luego de la muerte de Chase, una familia nos prestó su casa en un lago cerca de la costa de Oregón, por una semana. Está a unas cuatro horas de nuestra casa y, mientras conducíamos hacia allí, descubrí una vía casi sin uso sobre la cadena montañosa. Cuando llegué a la cima en mi motocicleta de enduro (una clase de motocicleta que se puede emplear tanto en la calle como en caminos de tierra), pude mirar hacia abajo y ver el océano y la vastedad del bosque. Es una belleza intacta. Sin vías, sin concreto, sin estructuras hechas por el hombre. Tal como se suponía que fuera, no corrompida por el mundo a su alrededor. Así es como defino la belleza pura: algo que existe tal como se suponía que debía existir.

Experimentar esta clase de belleza es poco común. Prácticamente todo en nuestro mundo ha sido corrompido por el tiempo, la decadencia o nuestra propia avaricia. Pero en aquellos bosques sobre las costas de Oregón veo algo silvestre y original. ¿Quién los hizo? ¿Por qué fueron hechos? ¿Quién los puso allí? ¿Con qué propósito? Para mí, la belleza pura proclama la bondad de Dios. Hace vibrar en lo profundo de mi alma que no estamos solos y que hay un propósito detrás de la majestuosidad de todas estas cosas.

Algunos años atrás, un amigo mío me dio un telescopio refractor grande que él mismo había construido. Recuerdo la primera noche que lo saqué al jardín delantero y ubiqué Saturno. Cuando mi hijo de trece años, Spencer, vio los anillos de Saturno por primera vez, envió un mensaje de texto a sus amigos de inmediato. En cuestión de minutos, estaba rodeado de un montón de chicos de secundaria que, con asombro y admiración, miraban a Saturno, Júpiter y nuestra luna con otros ojos. Uno de ellos exclamó: «¡Oh, Dios mío!». Yo no creo que haya estado orando o alabando de forma intencional, pero eso es precisamente lo que inspira la maravilla de la creación: alabanza y adoración.

Tres meses después de la muerte de Chase, me invitaron a unirme a un grupo de hombres de una misión local en su excursión en balsa por el río Snake, que es el límite entre los estados de Idaho y Oregón. Pasamos tres días en el río y avistamos águilas, osos negros y tantas lubinas que perdí la cuenta. La bondad de Dios que se exhibía en estas maravillas naturales trajo gozo a cada uno de nosotros.

Un mes más tarde, mi esposa y yo llevamos a nuestro hijo Kincade de 17 años a Uganda para servir junto a misioneros que nuestra iglesia apoya. Nos habíamos comprometido antes de que Chase falleciera, y sentimos que debíamos cumplir a pesar de todo. Mientras estábamos allí, tuvimos la oportunidad de realizar nuestro primer safari. Paseamos en un vehículo abierto y vimos un león cara a cara, además de muchas leonas que jugaban junto a sus cachorros. Vimos a un elefante barritar antes de embestir y a una manada de jirafas que, cuando corrían, parecía que se movían en cámara lenta. La creación de Dios. Todo esto nos llenaba de admiración.

Estos versículos tienen más significado para mí ahora que nunca: «Los cielos proclaman la gloria de Dios y el firmamento despliega la destreza de sus manos. Día tras día no cesan de hablar; noche tras noche lo dan a conocer. Hablan sin sonidos ni palabras; su voz jamás se oye. Sin embargo, su mensaje se ha difundido por toda la tierra y sus palabras, por todo el mundo» (Salmos 19:1-4, NTV). Los cielos no solo declaran la gloria de Dios, y la tierra su esplendor, sino que además gritan de su bondad. La belleza pura de la naturaleza me recuerda que Dios, en su bondad, está haciendo nuevas todas las cosas, y esto incluye su más grande creación: tú y yo.

La bondad de Dios revelada en las relaciones

Cuando Dios creó al hombre, dijo: «No es bueno» (Génesis 2:18). De acuerdo, esas no fueron las palabras exactas, pero Dios sí vio que no era bueno que el hombre viviera aislado. Así que creó otra versión de la humanidad, una mujer, a su imagen, y concluyó: «Es bueno» (Génesis 1:31).

Dios ha depositado algo de su bondad en cada uno de nosotros, y quiere que la compartamos los unos con los otros. Al amarnos unos a otros, nos permitimos vislumbrar destellos de la bondad de Dios. La vemos cada vez que un ser humano ayuda a otro. La vemos en los actos de compasión y misericordia de la gente respondiendo a una catástrofe natural. Yo la vi expresada en cómo nuestra comunidad de fe nos rodeó con gran amor tras la muerte de Chase. Nuestros amigos más cercanos y familiares no me hicieron sentir como que debía superarlo pronto o hablar menos sobre Chase o mis dudas. Nos abrazaron, a mí y a mi familia, nos aceptaron tal como nos encontrábamos, quebrados y vulnerables, y nos dieron espacio para redescubrir quiénes éramos y quién era Dios. Trajeron comida, enviaron cartas, limpiaron nuestra casa y donaron dinero a una fundación de becas en honor a Chase[4]... Y lo más importante: pasaron tiempo con nosotros y compartieron nuestras

---

[4] Ver el fondo Stephen Chase Mickel para ayudar a jóvenes a realizar su primer viaje misionero en el extranjero para llevar amor a otros, como Chase lo hizo en Uganda. URL: <https://scmfund.org> (página consultada el 21/6/2020).

lágrimas. Cada acto de amabilidad fue una expresión de la bondad y el amor de Dios.

Una de las razones más convincentes para convertirse en seguidor de Jesús es que Él no solo nos muestra cómo vivir, sino que Él mismo vive en nosotros, y nos da el poder para amar como Él ama. Efesios 5:1-2 dice: «Ustedes son hijos de Dios, y él los ama. Por eso deben tratar de ser como él es. Deben amar a los demás, así como Cristo nos amó y murió por nosotros» (TLA). Nuestra bondad hacia los demás tiene relación directa con la forma en que Jesús nos ama y se entrega a sí mismo por nosotros. Tenemos mucho potencial para demostrar la bondad de Dios al permitir que Jesús se revele a sí mismo en nuestras relaciones.

El beneficio de la duda

La bondad de Dios hace añicos a la desesperación, la depresión y la desesperanza. El salmista experimentó esto cuando se enfrentó a adversarios y testimonios falsos que lo amenazaban con violencia: «Hubiera yo desmayado, si no creyese que veré la bondad de Jehová en la tierra de los vivientes» (Salmos 27:13, RV60).

Bill Johnson escribe en su libro *Dios es bueno: Él es mejor de lo que piensas*: «Mi fe solo puede llegar hasta donde llega mi comprensión de su bondad. Su bondad, entonces, se vuelve el inmueble que habito y exploro con libertad. Él nos da con generosidad todo lo que es y todo cuanto posee» (p. 35, trad. libre). La verdad de la bondad infinita de Dios ha de disociarse de lo que percibimos en nuestra experiencia finita; de otro modo, corremos el riesgo de definir a Dios basados en un punto de vista demasiado limitado. Esa es la razón por la cual una vida de confianza debe erigirse no sobre principios y teorías, sino sobre la roca fuerte, Jesucristo, la encarnación perfecta de la bondad de Dios.

En mis momentos más oscuros, me aferré a una premisa fundamental: Dios es bueno. Claro que lo he cuestionado, y lo sigo haciendo en ocasiones, pero eso no cambia el hecho de que sea cierto. Elijo darle el beneficio de la duda. Me encanta esa expresión. Implica reconocer que, aunque a veces hay dudas en mi relación con Dios, puedo elegir darle el beneficio de mi duda. Dios es bueno cuando todo sale bien y cuando todo sale mal. Él es el que es, y Él no cambia. El conflicto en mi alma me ha puesto cara a cara con lo más confiable y constante: la bondad de Dios.

Algunos se pierden en el laberinto de la soberanía y la bondad de Dios para toda la vida, y jamás logran salir. Eso no es vida. La fe es el único fundamento seguro sobre el cual construir esperanza, amor y confianza. He aquí un desafío para ti: busca la bondad de Dios por ti mismo. Pídele a Dios que te muestre su bondad. Pasa tiempo reflexionando sobre la vida de Jesús. Toma un momento para caminar y ver la belleza de la creación de Dios. Separa tiempo para pasarlo con personas que amas y observa la huella de la bondad divina que existe en ellos. Permite que tu confianza en quién Dios dice ser eche raíces. Esa clase de fe es la que hace posible que «prueben y vean que el SEÑOR es bueno» (Salmos 34:8, NTV).

6

¿Es Dios congruente?

"Me sentía como si me hubiese quedado mirando el tocón de un gran árbol que acababa de ser talado en mi patio [...]. El tocón está rodeado por un hermoso jardín de pimpollos en flor y árboles que crecen y un césped frondoso. De la misma manera, la tristeza permanece, pero he procurado crear un paisaje alrededor de la pérdida de modo que, lo que una vez fue desagradable, ahora es parte integral de un todo más grande, más bello."

JERRY SITTSER, A Grace Disguised

Una de mis historias bíblicas preferidas cuando era niño era la de Sadrac, Mesac y Abed-nego. ¡Solo sus nombres ya eran increíbles! Ellos eligieron seguir a Dios, incluso cuando todo a su alrededor se desmoronaba. Se aventuraron confiando en la fidelidad de Dios. Pero ¿en qué situación los puso su fe? En un horno de fuego diseñado para matar.

La maldad del emperador Nabucodonosor demandaba que todos se inclinaran ante la estatua de oro que había mandado erigir, y quien no lo hiciera, sería echado en el horno de fuego. Los muchachos decidieron no inclinarse, y Nabucodonosor, muy enojado, les preguntó: «¿qué dios podrá rescatarlos de mi poder?». La respuesta de ellos ha sido de tanta inspiración para mí: «Si nos arrojan al horno ardiente, el Dios a quien servimos es capaz de salvarnos. Él nos rescatará de su poder, su Majestad; pero aunque no lo hiciera, deseamos dejar en claro ante usted que jamás serviremos a sus dioses ni rendiremos culto a la estatua de oro que usted ha levantado» (Daniel 3, NTV).

Sadrac y sus amigos eligieron creer en algo con tanta firmeza que estaban dispuestos a morir por aquello que creían. Pero presta atención a la naturaleza de su convicción: ellos estaban seguros de que Dios era *capaz* de salvarles, pero no de que *lo haría*. Lee el pasaje otra vez: ese «aunque no lo hiciera» refleja un nivel de incertidumbre para el cual no siempre dejamos lugar, y en especial dentro de la iglesia. Siempre debemos tener todo calculado. Pero nada es seguro en esta vida, aparte de que Dios tiene la *capacidad* de salvar.

El final de la historia de nuestros héroes en el horno de fuego es que Jesús apareció en la escena y se quedó con ellos, y ellos fueron resguardados. Pensamos que esa es la moraleja de la historia: si tú confías en Dios, Él, a cambio, te salvaguarda. Pero luego leemos el Nuevo Testamento y vemos cómo muchos de los primeros seguidores de Cristo son enviados a la muerte por causa de su fe. El desafío para la humanidad cuando se trata de confiar en Dios no es oír las promesas de Dios en un soleado domingo por la mañana, sino creer en esas promesas en la oscuridad de la noche del lunes.

Hasta ahora hemos hecho las siguientes preguntas: ¿Es Dios *capaz*? ¿Puede hacer lo que dice que puede hacer? ¿Está *comprometido*? ¿No solo puede hacer lo que dice que puede hacer, sino que además *quiere* hacerlo? Ahora hemos llegado a la pregunta ¿Es Dios *congruente*? ¿No solo puede hacer lo que dice que puede y quiere hacer, sino que además *hace* lo que dice que puede y quiere hacer?

Parece un trabalenguas, pero cuando nos topamos con una tormenta de camino a la cima de la montaña y todo se vuelve oscuro y frío, cuesta pensar en las promesas de Dios, como: «Él siempre estará allí para ti», «Él te sostendrá», «Él proveerá para ti», «Él se ocupará de tus necesidades», «Él velará por ti, te protegerá, perdonará, sanará...» y demás. ¿Por qué Dios no acaba con las fuerzas del mal de una vez por todas, y ya? Nuestro mundo se está poniendo peor. ¿Por qué Dios no se encarga de ello, y listo?

En Hebreos 11:1, el autor escribe: «La fe es la confianza de que en verdad sucederá lo que esperamos» (NTV). Cuando nos metemos en problemas es cuando pensamos que lo que debería suceder, debería suceder justo ahora. Pero el tiempo oportuno está en manos de un Dios soberano. En nuestras manos solo está la fe.

Ya, pero todavía no

En mi formación dentro del seminario, aprendí pronto el concepto del «ya, pero todavía no». Se refiere a las promesas de Dios que están cumplidas en parte ahora, pero no por completo hasta que Jesús regrese. No experimentaremos todo lo que Jesús prometió hasta después de que venga su reino en la tierra como en el cielo. Todo lo que leemos acerca de lo que Jesús hizo y enseñó fue «ya, pero todavía no». Cuando sanó a personas, no fue a todos, y no fue de una vez y para siempre. Por ejemplo, cuando levantó a Lázaro de entre los muertos, Lázaro estuvo completamente vivo en ese entonces, pero luego volvería a morir un día. Viene el día, Jesús lo prometió, en que ya no habrá más muerte, ni enfermedad, ni abuso, ni más de las cosas que nos afligen. Solo que todavía no. Me doy cuenta de que debo orar, como lo hacen mis amigos cercanos que forman parte de Alcohólicos Anónimos, por la «serenidad para aceptar las cosas que no puedo cambiar, el valor para cambiar aquellas que puedo y la sabiduría para reconocer la diferencia[5]». En otras palabras, debo tener fe en que Dios, en su gran poder, enderezará lo que está torcido, y debo depositar mi esperanza en sus planes, no en los míos.

Pero debo ser honesto. Me he oído decir en mis pensamientos: *Después de todo, ¿quién se cree Dios que es?* Bueno, es una buena pregunta. Tal vez simplemente no

---

[5] NT: traducción popular de la frase del teólogo protestante Reinhold Niebuhr.

me guste la respuesta. Puedo despotricar cuanto quiera sobre cuán dura es mi realidad, pero es lo que es. Algunas cosas que espero ahora no sucederán en esta vida. Una pregunta mejor que «¿quién se cree Dios que es?» es, tal vez, «¿Quién me creo yo que soy?». ¿Quién me dio el derecho de cuestionar lo que Dios hace o no hace, lo que permite o no?». La bondad de Dios no es transaccional; no se trata de *si* yo hago ciertas cosas, *entonces* Dios hará ciertas otras. Dios muestra misericordia a todos. Pero esa es su decisión soberana. Yo no tengo voz ni voto en el asunto.

Mira, es difícil para mí tener que poner esto en términos tan fuertes… sobre todo ante alguien que, como yo, ha sufrido una pérdida terrible y lucha por ponerse de pie cada mañana. Pero desearía haberme aferrado a esta verdad tiempo atrás: en su soberanía, Dios es capaz de hacer lo que quisiere, y en su bondad, desea actuar, pero no veré el cumplimiento de todas sus promesas hasta que Él venga otra vez.

Jesús les dijo a sus discípulos: «Dentro de poco ya no me verán; pero un poco después volverán a verme. Ciertamente les aseguro que ustedes llorarán de dolor, mientras que el mundo se alegrará. Se pondrán tristes, pero su tristeza se convertirá en alegría. La mujer que está por dar a luz siente dolores porque ha llegado su momento, pero en cuanto nace la criatura se olvida de su angustia por la alegría de haber traído al mundo un nuevo ser. Lo mismo les pasa a ustedes: Ahora están tristes, pero cuando vuelva a verlos se alegrarán, y nadie les va a quitar esa alegría. Yo les he dicho estas cosas para que en mí hallen paz. En este mundo afrontarán aflicciones, pero ¡anímense! Yo he vencido al mundo» (Juan 16:16, 20-22, 33, NVI).

Jesús murió, ¡pero no permaneció muerto! Él aplastó la cabeza del diablo cuando resucitó y salió de la tumba. Pero este es otro de esos *«ya, pero todavía no»*. Jesús ha vencido a la muerte, la desesperación, la tristeza, la enfermedad y las dolencias por completo. Él ha triunfado sobre estas cosas. Pero la verdad de esto no ha sido revelada por completo… todavía no. Aún vivimos en un mundo quebrado por enfermedades, males y muerte. Y Dios sigue siendo bueno. Y Dios sigue siendo soberano. Gracias a lo que Jesús hizo por nosotros, nuestra muerte es temporal, y al enemigo le queda poco tiempo. En su bondad, Jesús comenzó el proceso de restauración que culminará cuando Él regrese.

Jesús sabía que lidiaríamos con todo esto, así que prometió enviarnos a uno como Él para que morara en nosotros y caminara a nuestro lado, el Espíritu Santo. «Pero el Consolador, el Espíritu Santo que el Padre enviará en mi nombre, él les enseñará todas las cosas y les hará recordar todo lo que yo les he dicho» (Juan 14:26, RVA 2015). Esta es una promesa que Él cumplió «ya». El Espíritu en nuestro interior es fiel en recordarnos lo que Jesús enseñó y cómo vivió, y nos brinda los recursos para imitar sus pasos, hasta que Cristo vuelva. Entretanto, nuestra tarea, por difícil que sea en ocasiones, es aferrarnos a la esperanza mientras esperamos su regreso glorioso.

Aférrate a la esperanza

Tras la muerte de Chase, apenas unos días más tarde algunos intentaron consolarme diciendo: «Steve, Dios hará que esto ayude para bien». Sus palabras me producían desesperación. Tan pronto después de su muerte, el único «bien» que podía imaginar era volver a tener a Chase conmigo. Lo interesante es que ninguna de estas personas había perdido un hijo. Podía comprender qué había en sus corazones. Ellos estaban desesperados por brindarnos a mí y a mi familia algo de esperanza. Su intención era buena y sincera. Pero he aprendido que citar las Escrituras desprovistos de contexto puede volverse un acto terriblemente ofensivo. Como escribió C. S. Lewis: «Habladme de la verdad, de la Religión, y os escucharé de buen grado. Habladme de los deberes de la Religión y os escucharé sumiso. Pero no vengáis a hablarme de los consuelos de la Religión, o tendré que sospechar que no habéis entendido nada» (p. 13).

El sufrimiento puede parecer tan arbitrario... Una persona va por la vida con muy pocas adversidades, mientras otros experimentan una desgracia tras otra. Algunos parecen gozar de gran favor y otros... no tanto. No lo puedo comprender. Sin embargo, he aquí lo que vuelvo a creer: Dios dispondrá todo para sus buenos propósitos.

Si estás atravesando un duelo, por favor, lee el resto de este capítulo como un susurro, no como un grito, y recíbelo como de parte de quien ha bebido hasta la última gota de la copa de sufrimiento. Y a quienes desean ser de ayuda, por favor, no usen la palabra «bien» para referirse a la pérdida de alguien en absoluto. Es como sal sobre una herida abierta. Una de las partes más interesantes de la historia de Job ocurre al final, cuando Dios se dirige a los amigos de Job y les replica: «Ustedes no tienen idea de lo que están hablando. No me han representado como es debido. No me conocen» (Job 42:7-9, mi paráfrasis). (¿No te encantaría que Dios hiciera eso con algunas personas que conoces, las que dicen las cosas incorrectas o incluso correctas pero en el momento incorrecto?

Habiendo dicho eso, no puedo rechazar versículos como Romanos 8:28, que afirma: «Ahora bien, sabemos que Dios dispone todas las cosas para el bien de quienes lo aman, los que han sido llamados de acuerdo con su propósito» (NVI). Nota que no hay un punto luego de «Dios dispone todas las cosas», ni siquiera una coma. La oración completa es toda una idea, con una sola intención: Dios tomará lo que ha ocurrido y lo que está ocurriendo y hará que resulten en algo bueno. Recuerda cómo en el capítulo 4, José les dijo a sus hermanos: «...ustedes pensaron hacerme mal, pero Dios transformó ese mal en bien para lograr lo que hoy estamos viendo: salvar la vida de mucha gente» (Génesis 50:20, NVI). Dios no echó a José en aquel pozo, pero sí usó la situación para cumplir sus propósitos.

A menudo empleamos la palabra «esperanza» desde una posición de incertidumbre más que de convicción. La pérdida y el sufrimiento nos empujan hacia esa incertidumbre y ponen en riesgo la esperanza. Pero ¿recuerdas la historia de Abraham en el capítulo 3? Dios le había dado la promesa de que sería el padre de muchas naciones, pero al mismo tiempo, Abraham no tenía hijos ni la posibilidad de tenerlos porque ya era muy anciano. Pablo escribe estas poderosas palabras a modo de ánimo para nosotros, que compartimos la fe de Abraham: «Dios le dijo a Abraham que llegaría a ser el antepasado de gente de muchos países. Esta promesa se la hizo Dios a Abraham porque Abraham creyó en él, que es el único Dios con poder para resucitar a los muertos y para crear cosas nuevas. Cuando Dios le prometió a Abraham que tendría muchísimos descendientes, esto parecía imposible. Sin embargo, por su esperanza y confianza en Dios, Abraham llegó a ser el antepasado de gente de muchos países que también confían en Dios» (Romanos 4:17-18, TLA). Pablo nos recuerda que Dios es quien puede dar vida a las cosas muertas y hacer algo nuevo de la nada, y que Abraham se aferró a la esperanza cuando todo a su alrededor parecía comunicar que no lo hiciera.

Hebreos 10:23 dice: «Mantengámonos firmes sin titubear en la esperanza que afirmamos, porque se puede confiar en que Dios cumplirá su promesa» (NTV). La esperanza de que vendrá algo bueno consiste en esperar que las promesas de Dios se cumplan a *su* tiempo. Hebreos 11 nos da una lista de personas que vivieron por fe e incluso murieron creyendo lo que Dios les había prometido. Jamás perdieron la esperanza. Jamás abandonaron la fe, sino que incluso cuando «no recibieron lo prometido lo vieron desde lejos y lo aceptaron con gusto» (Hebreos 11:13, NTV).

Incluso si no vemos cumplidas todas las promesas de Dios en nuestra vida, podemos aferrarnos a la esperanza, pues Dios está obrando con fidelidad la restauración y redención de nuestras vidas y de este mundo. Nuestra tristeza temporal no es un desperdicio. Nuestro dolor y sufrimiento pueden ser simplemente el resultado de un mundo que se ha vuelto loco, pero Dios es tan poderoso, bueno y fiel como para tomar lo malo que ha pasado y usarlo para restaurar la vida a su estado propicio. No podemos impedir que Dios use lo que está mal para traer bien. Es lo que Él ama hacer.

En su libro *Si Dios existe, ¿por qué el mal?*, Norman Geisler afirma que el hecho que no siempre veamos el propósito en nuestro sufrimiento no quiere decir que no lo tenga. «Hay muchas cosas que no sabemos», escribe, «y hay muchas cosas que antes no sabíamos pero que ahora sabemos. Por ende, es de esperarse que en el futuro descubramos propósitos buenos para las cosas a las que ahora no les encontramos ningún propósito bueno. A esto se le agrega el hecho de que recientemente hemos experimentado el aprendizaje de cosas que otrora no podíamos explicar. Esto nos brinda una confianza razonable en que en el futuro seremos capaces de explicar los buenos propósitos de los males que hoy no podemos explicar» (p. 47, trad. libre).

El solo hecho de que la tragedia de la muerte de mi hijo no haya sido algo bueno no significa que ninguna cosa buena vaya a resultar de esta. No puedo asumir que, solo porque no puedo ver un buen propósito, no lo haya. Pablo escribe: «Pues, ¿quién puede conocer los pensamientos del Señor? ¿Quién sabe lo suficiente para aconsejarlo?» (Romanos 11:34, NTV). Yo, no.

Los escritos de Pablo, en su totalidad, son profundamente alentadores para quienes están sufriendo. Él desafía, orienta y da razones de sus propios sufrimientos, con lo que ofrece esperanza a quienquiera que sufra. Este hombre pasó por naufragios, enfermedades, torturas físicas, persecución, la muerte de amigos, y la lista sigue. Por ello, sus escritos sobre el sufrimiento y la perseverancia tienen gran peso. Él dice: «Pero también nos alegra tener que sufrir, porque sabemos que así aprenderemos a soportar el sufrimiento. Y si aprendemos a soportarlo, seremos aprobados por

Dios. Y si él nos aprueba, podremos estar seguros de nuestra salvación. De eso estamos seguros: Dios cumplirá su promesa, porque él nos ha llenado el corazón con su amor, por medio del Espíritu Santo que nos ha dado» (Romanos 5:3-5, TLA). ¿Ves cómo Pablo conectó la esperanza con el sufrimiento? Fue debido al camino que tuvo que andar. Él conocía tanto el dolor como la esperanza porque lo había experimentado todo... al mismo tiempo).

Pasé por un periodo en que no quería que Dios usara la muerte de mi hijo para bien. No quería que tuviera sentido. Todos hemos oído historias de personas que atravesaron tragedias y dificultades y, años más tarde, miran atrás y dicen: «Me alegro tanto de que haya sucedido. Gracias a ello, pude cambiar». Me molestaba muchísimo oír esa clase de historias luego de que Chase falleciera. Era insoportable imaginar que algo tenía que cambiar en mi vida de manera tan drástica que mi hijo tuviera que morir para que yo me diera cuenta. De alguna manera, Dios sí dispone todas las cosas para bien, pero eso no quiere decir que las cosas malas pasan como una suerte de lección del universo para hacernos mejores personas. Jamás estaré agradecido por haber perdido a mi hijo; sencillamente no me parece posible, ni mucho menos, algo que desee. Espero estar volviéndome mejor persona, padre, tío, hijo, yerno, vecino, colega, líder, pastor y amigo como resultado de la muerte de mi hijo, pero no creo que esa haya sido la razón por la cual Chase murió.

Sittser escribe: «Un millón de personas podrían recibir ayuda como resultado de una tragedia, pero eso no sería suficiente explicación ni justificación para que ocurra. Lo malo del evento y lo bueno del resultado están relacionados, sin duda, pero no son lo mismo» (p. 198, trad. libre). La muerte de mi hijo no fue algo bueno. Fue algo malo, oscuro, desafortunado e injusto. Pero, de algún modo, Dios está obrando para bien a partir ello, desde mi dolor y mi lucha. Algo está naciendo en mí y en aquellos que me rodean que tiene que ver con el fallecimiento de mi hijo.

Muchos autores antes que yo han escrito que la vida es como una manta de retazos. Hablan de cuán hermosos son los retazos uno al lado del otro y lo increíble que se ve colgado en la pared, si lo ves de frente. Pero cuando le das vuelta, es un desastre. Si todo lo que pudiésemos ver fuera la parte de atrás de la manta de nuestras vidas, nos preguntaríamos si hay algún sentido o propósito. Me pregunto si pasamos gran parte de nuestras vidas mirando la parte de atrás de la manta. Claro que la parte que dejamos ver a los demás es la bonita (gracias, redes sociales), pero es una ilusión; o, al menos momentáneo, temporal. El hecho es que somos personas rotas y desastrosas con dolor y problemas.

Aunque no podamos entender la razón por la cual suceden ciertas cosas, elijo creer que a través de nuestros ojos humanos solo somos capaces de ver una cara de la moneda. Vendrá el día en que comprenderé a cabalidad por qué murió mi hijo, y estoy seguro de que no será del lado de atrás de la manta que tan tentado me veo a analizar. En su libro *El octavo día*, Thornton Wilder escribió: «No hay felicidad que se equipare a la de saberse parte de un plan» (p. 430, trad. libre). Somos parte de algo mucho más grande que nuestras propias historias. Dios no está escribiendo ninguna historia individual aislada. Te apuesto que cuando miremos nuestras mantas desde el otro lado de esta vida, todas se verán exactamente como se suponía que se vieran, y serán hermosas.

El resto de Romanos 8 resume tan bien nuestra lucha: «Sólo nos queda decir que, si Dios está de nuestra parte, nadie podrá estar en contra de nosotros. Dios no nos negó ni siquiera a su propio Hijo, sino que lo entregó por nosotros, así que también nos dará junto con él todas las cosas. ¿Quién puede acusar de algo malo a los que Dios ha elegido? ¡Si Dios mismo los ha declarado inocentes! ¿Puede alguien castigarlos? ¡De ninguna manera, pues Jesucristo murió por ellos! Es más, Jesucristo resucitó, y ahora está a la derecha de Dios, rogando por nosotros. ¿Quién podrá separarnos del amor de Jesucristo? Nada ni nadie. Ni los problemas, ni los sufrimientos, ni las dificultades. Tampoco podrán hacerlo el hambre ni el frío, ni los peligros ni la muerte. Como dice la Biblia: "Por causa tuya nos matan; ¡por ti nos tratan siempre como a ovejas para el matadero!". En medio de todos nuestros problemas, estamos seguros de que Jesucristo, quien nos amó, nos dará la victoria total. Yo estoy seguro de que nada podrá separarnos del amor de Dios: ni la vida ni la muerte, ni los ángeles ni los espíritus, ni lo presente ni lo futuro, ni los poderes del cielo ni los del infierno, ni nada de lo creado por Dios. ¡Nada, absolutamente nada, podrá separarnos del amor que Dios nos ha mostrado por medio de nuestro Señor Jesucristo!» (Romanos 8:31-39, TLA).

La promesa suprema

Es decisión de cada uno cómo responderá ante Dios cuando la vida no tenga sentido. ¿Seremos víctimas o vencedores? Siempre hay opción, sin importar con qué nos enfrentemos. Lo que yo elijo creer, aun mientras camino en la oscuridad, es que Dios es digno de confianza y que nada puede separarme de su amor. Aunque desconozco todo el bien que podría venir como resultado de la muerte de Chase, confío en Dios. Él conoce todas las cosas, y no está enojado conmigo ni quiere hacerme la vida imposible. A veces suceden las peores cosas que podríamos imaginar, y tal vez nunca veamos el propósito detrás de esos eventos hasta que estemos en el otro lado.

Wolterstorff escribe: «La fe es como un puente que no sabes si resistirá mientras caminas sobre el abismo hasta que te ves forzado a cruzarlo» (p. 76, trad. libre). Yo no estaba seguro de si mi fe se mantendría firme sobre el abismo de la muerte de Chase. Pero puedo decirte, sin intención de sonar como un santurrón, sino de forma profunda e introspectiva, que mi fe me sostiene. He perseverado y en última instancia me he mantenido firme. El puente está resistiendo.

Creo que Jesús no vino y murió para que fuéramos libres del sufrimiento en esta vida, sino para que, cuando el sufrimiento y la muerte entren en escena, podamos ver a Dios en ellos y soportar nuestras noches más oscuras. No hay respuestas fáciles; solo estoy seguro de una cosa:

vendrá el día en que la maldad será conquistada, la enfermedad será derrotada, la tristeza llegará a su fin y viviremos para siempre. «…el vivir es Cristo y el morir es ganancia» (Filipenses 1:21, NVI). ¿Por qué? Porque entonces entraremos en la gloria que Jesús se adelantó a preparar para nosotros. Eso es lo que Él está haciendo en este momento. Eso es lo que nos espera del otro lado del sufrimiento. Y por esa razón tengo tanta esperanza.

Así que ¿es la esperanza una de esas cosas que podemos hacer aparecer como por arte de magia o es un regalo que se recibe? Romanos 15:13 dice: «Le pido a Dios, fuente de esperanza, que los llene completamente de alegría y paz, porque confían en él. Entonces rebosarán de una esperanza segura mediante el poder del Espíritu Santo» (NTV). Al parecer, la esperanza viene de Dios. Él es quien tiene la capacidad de darnos gozo y paz y, fundamentalmente, esperanza. Es un regalo de nuestro Padre celestial.

Recibí un regalo de esperanza tras la muerte de mi hijo, que para mí, constituye una garantía. Si tuviera valor monetario, compraría acciones hoy mismo. Nada ni nadie en esta vida será capaz de convencerme de que esto no ocurrirá. De hecho, tiene tanto valor para mí que le he dedicado todo el capítulo siguiente. Aquí está: «No se turbe su corazón. Ustedes creen en Dios; crean también en mí. En la casa de mi Padre hay muchos aposentos. Si así no fuera, ya les hubiera dicho. Así que voy a preparar lugar para ustedes. Y si me voy y les preparo lugar, vendré otra vez, y los llevaré conmigo, para que donde yo esté, también ustedes estén» (Juan 14:1-3, RVC).

Jesús hizo esta promesa y confío en que la cumplirá. He plantado mi fe en ello. El día en que Jesús regrese será para mí un día de regocijo, por muchas razones. La muerte habrá acabado. La enfermedad ya no existirá más. Las lágrimas que he derramado una y otra y otra vez serán enjugadas. Veré a Jesús cara a cara, algo que he anhelado muchísimo, y de pie, junto a Él, veré los ojos brillantes de mi hijo que me mirará sonriente. También encontraré a mi hermanito, Jeremy, a mi abuela, cuyas oraciones me llevaron al ministerio, a mi buen amigo Steve, a mi increíble sobrino Adam, a mi amoroso padre y a todos los que ya han partido.

Jamás me soltaré de esta esperanza, ni siquiera cuando la noche se vuelva oscura en verdad y no sepa qué sucederá mañana. Descansaré en la certeza de la bondad de Dios y su promesa de que el sufrimiento es temporal pero que el gozo durará para siempre. «Por eso no nos desanimamos. Aunque nuestro cuerpo se va gastando, nuestro espíritu va cobrando más fuerza. Las dificultades que tenemos son pequeñas, y no van a durar siempre. Pero, gracias a ellas, Dios nos llenará de la gloria que dura para siempre: una gloria grande y maravillosa. Porque nosotros no nos preocupamos por lo que nos pasa en esta vida, que pronto acabará. Al contrario, nos preocupamos por lo que nos pasará en la vida que tendremos en el cielo. Ahora no sabemos cómo será esa vida. Lo que sí sabemos es que será eterna» (2 Corintios 4:16-18, TLA).

7

#TienesQueVerEsteLugar!

*"Si encuentro en mí un deseo que nada en este mundo
puede satisfacer, la explicación más probable es que
fui hecho para otro mundo."*

C.S. LEWIS, Mero cristianismo

Cuando alguien muere, una respuesta común de
parte de quienes nos quieren es: «Lamento
mucho tu pérdida». Es una de las cosas más

fáciles de decir en una situación realmente difícil, y es también, por lo general, mi respuesta sincera. ¿Pero sabías que no es cien por ciento cierta? Cuando perdemos las llaves, no sabemos dónde las dejamos. Cuando perdemos de vista a nuestros hijos en el supermercado, no sabemos dónde se fueron. Pero cuando perdemos a alguien en manos de la muerte, sabemos dónde están.

Como he mencionado, a Chase le encantaba la naturaleza y la conexión con Dios que experimentaba en ella. La mayoría de sus publicaciones en Instagram eran fotos de lugares que había visitado en el noroeste del Pacífico. Una de sus etiquetas preferidas (y le encantaban las etiquetas) era #upperleftusa[6]. Después de que Chase muriera descubrimos que mi esposa Suzanne se preguntaba dónde quedaba «Tusa» y por qué Chase usaba esa etiqueta. Por supuesto, esta decía «USA», por Estados Unidos, no «Tusa». (Es probable que nunca dejemos de fastidiar a Suzanne por haberlo leído mal.)

Mientras me preparaba para compartir unas palabras en el servicio de celebración de la vida de Chase, me preguntaba qué etiqueta habría usado para describir el

---

[6] NT: la etiqueta (*hashtag*) #upperleftusa [#eeusuperiorizquierdo] hace referencia al extremo superior izquierdo de los Estados Unidos. Se traduciría como «EE.UU. arriba a la izquierda».

lugar donde habita ahora. Por supuesto, no tenemos fotografías del cielo, pero encontramos bastante en la Biblia con qué describirlo. Así que se me ocurrió que la etiqueta que Chase usaría es: #TienesQueVerEsteLugar!

Como la mayoría, Suzanne y yo hemos tenido nuestras dudas respecto de la realidad del cielo porque parece demasiado escurridiza y etérea. Pero si no tenemos fe en la vida venidera, la muerte y la separación de esta vida se vuelven insoportables. En medio de nuestras dudas, Jesús habló a mi esposa en siete simples palabras. Estas fueron lo más cercano a algo audible sin emitir ningún sonido, como el susurro de una brisa fresca en un día caluroso. Estas siete palabras nos trajeron muchísimo consuelo y esperanza: «Yo lo tengo, Suzanne. Él está conmigo».

Hoy puedo escribir con total seguridad que mi hijo está con Jesús. La razón por la cual puedo sostener esto no necesariamente se relaciona con la forma en que Chase vivió. Por largo tiempo la iglesia ha dado la impresión de que la entrada al cielo se abre si uno vive de determinada manera, pero tiene que ver más con lo que uno cree que con cómo se comporta.

Si tienes dudas sobre esto, considera que uno de los hombres que colgaban al lado de Jesús en la cruz se encontraba ahí porque se suponía que estuviera ahí; era un ladrón. Sin embargo, le echó un vistazo a Jesús y dijo (mi paráfrasis): «Jesús, no te conozco, pero veo cómo sobrellevas esto y quiero ir donde vas. ¿Puedo ir contigo?». Y Jesús le contestó: «hoy estarás conmigo en el paraíso» (Lucas 23:43, NVI). Así que, si Jesús pudo declarar esas palabras a aquel varón, sé que mi hijo, que tenía fe en Cristo, mora hoy con Él, y un día, yo también lo haré.

No sugiero que no debamos procurar el bien, pero una vez que entendemos que la modificación de la conducta no triunfa sobre la fe, nos acercamos más a la misericordia de Dios. La realidad es que Chase no era «lo suficientemente bueno» para ganarse el pase a la vida eterna que Dios ofrece. Ninguno de nosotros lo es. Pero en toda la Escritura vemos cómo Dios acepta y usa a personas quebrantadas que están lejos de ser perfectas. Mi hijo no era perfecto. No siempre manifestaba su fe de la forma típica. Su travesía estuvo llena de dudas y preguntas. Pero estas siempre lo guiaron de regreso a Dios, porque Chase abrazó y se ciñó a la verdad de la gracia de Dios.

He aprendido mucho sobre la gracia como consecuencia de la muerte de mi hijo. He mencionado la angustia que me trajo preguntarme si Chase había muerto como castigo de parte de Dios por algo que yo hubiera puesto en obra para disgustarlo. Varios de nosotros hemos sufrido con la idea de que Dios nos castiga por las cosas que hacemos o dejamos de hacer. En realidad, todo lo que Dios afirma de sí mismo va en contra de esa suposición. Él no es un Dios castigador. Si lo es, me marcho. Encontraré algo más en que ocuparme y alguien más a quien seguir.

Con respecto a este tema, experimenté un poderoso momento de claridad cuando expuse todos mis pecados y fallas ante Dios y pregunté, con toda seriedad, cuál o cuáles de ellos eran la razón por la cual mi hijo murió. ¿Sabes qué fue lo que oí? No fue una reprimenda por cuán malo soy ni cuál de mis tantos pecados merecía que me castigara. Más bien, oí a Dios decir palabras profundas y sencillas que cambiaron la forma en que me veo a mí mismo y a la vida. Él dijo: «Steve, envié a mi Hijo a morir por tus errores. Nadie más tiene que morir a causa de ellos».

Dios ha sido generoso en su amor por medio de la persona de Jesús. Dios quiere salvar a todas las personas, y es capaz de hacerlo. Esta verdad puede transformar lo que comprendemos acerca de a quiénes podría Él incluir. Dios desea que nadie se pierda, sino que todos tengan vida eterna (Juan 3:16). Yo creo que Dios brinda a cada persona que ha creado todas las oportunidades posibles para que logren depositar su confianza en Él. Envió a su Hijo a pagar el precio de nuestros errores, sea cual fuere. Jesús recibió el castigo, y ahora, si nosotros elegimos creer, todas nuestras fallas y nuestros pecados son lavados por medio de su grandiosa obra en la cruz. Dios vino en forma humana y derramó su vida cual ofrenda para que pudiéramos tener una relación ininterrumpida con Él. Eso no me suena a un Dios vengativo, me suena a un Dios en quien puedo confiar, un Dios con el que quiero pasar la eternidad.

Solo puedo imaginar

Desde que Chase murió, mis pensamientos se han centrado cada vez con mayor frecuencia en lo eterno. Me he preguntado más sobre cómo podría ser la vida eterna. Cuando mis muchachos y yo subimos aquella montaña, lo que esperábamos era ver el sol salir por sobre la cima del South Sister. Aquella habría sido una de las vistas más increíbles que cualquiera de nosotros hubiera presenciado. Cuando pienso en la vida venidera que nos espera, me la imagino como la cima de una montaña...

pero sin nubes que se nos avecinan ni tormentas que nos amenacen.

El cielo se describe como un lugar donde «no habrá muerte, ni llanto, ni lamento ni dolor, porque las primeras cosas han dejado de existir» (Apocalipsis 21:4, NVI). Hoy vivimos en el antiguo orden de las cosas, donde la muerte parece tener la última palabra. Es totalmente invasiva y afecta a cada persona sobre la faz de la tierra. Mientras intentamos disfrutar la belleza de la creación y las relaciones, nos vemos constantemente enfrentados a este enemigo. Pero gracias a que una persona derrotó la muerte (y, como resultado, la conquistó por todos nosotros), la pérdida de mi hijo pasa de ser algo permanente a ser algo temporal.

En una publicación de Instagram sobre una de sus tantas largas excursiones, Chase escribió estas palabras: «A veces, perderse es la única manera de llegar a donde necesitas ir». En mis momentos más llenos de fe, encuentro consuelo al pensar que, perdido como me he sentido desde la muerte de Chase, estoy encaminado al sitio en el cual siempre se supuso que debía residir: donde Chase se encuentra en este mismo momento. Ninguna otra cosa cautiva mi imaginación con tanto poder.

Mi sobrina Lauryn vive en Japón con su esposo, que pertenece a las fuerzas armadas. Yo no tuve ningún interés particular por Japón hasta que alguien conocido se mudó allí. Luego me encontré leyendo acerca del país y buscando en Google Earth su ubicación exacta. Cuando oigo las historias de sus aventuras en aquella nueva tierra, siempre escucho con atención; es interesante y divertido aprender sobre cómo son las ciudades, el campo, la cultura y la gente, el idioma, lo que hacen para divertirse y lo que les encanta comer. Me he preguntado cómo sería mudarme allí, sobre todo si es por una buena parte de mi vida. Si tomara esa decisión, mi lectura casual sobre Japón aumentaría de forma drástica, a tal punto que llegaría a conocer tanto como pudiera sobre el lugar al que voy.

Creer que el cielo existe es importante, pero imaginar cómo será produce una sensación de gozo y expectación. En cuanto creí que mi hijo estaba allí, comencé a investigar más acerca de cómo es en realidad «allí». John Eldredge, un maestro de la imaginación, escribió en su libro *The Journey of Desire* (La travesía del deseo): «Casi todo cristiano con el que he hablado tiene la idea vaga de que la eternidad es un servicio dominical eterno» (p. 115, trad. libre). Un servicio dominical eterno suena bastante aburrido y, para ser honesto, bastante espantoso. Yo no deseo ni necesito sumarme al acompañamiento de un canto interminable en el cielo donde entonemos un gran himno tras otro. Si esa es nuestra visión del cielo, no es sorpresa que no lo anhelemos ni que pongamos todo nuestro empeño en dilatar cuanto podamos la vida aquí y ahora. No tenemos nada que nos genere expectativa.

Suzanne me compartió una porción de su diario personal la semana en que Chase murió:

Te amo, hijo. ¿Es bello allí? ¿Es divertido? ¿Tienes con quién reírte? ¿Captan tu sentido del humor? ¿Puedes contar historias y compartir recuerdos? ¿A quién eres más cercano? No sé cómo funciona el cielo, pero confío en que estés disfrutando de noches de fogata con Steve Stern y el tío Jeremy. Espero que tengan la oportunidad de experimentar tu sentido del humor, tu forma de ser tan dulce y tu hermosa manera de adorar a Dios. Me imagino que debe ser así porque Dios hizo este mundo y puso las relaciones en el centro de todo. Ahora siento que el cielo es el destino final para mí, a lo que más aspiro. Todo lo demás no es más que un preparativo.

Imaginar cómo será el cielo es esencial para anhelarlo en lugar de temerle o preguntarse cómo se nos recibirá allí. Un recurso maravilloso para quien quiera saber más sobre el cielo es el libro *Heaven* [Cielo], de Randy Alcorn. Él esboza una imagen vívida, sobre una base bíblica sólida, de cómo es el cielo. Por ejemplo, escribe:

Cuando Jesús les dijo a los discípulos: «En el hogar de mi Padre hay muchas viviendas [...]. Voy a prepararles un lugar» (Juan 14:2, NVI), eligió de forma intencional términos comunes, concretos *(hogar, viviendas, lugar)* para describir el sitio a donde iba y lo que prepararía. Él quería dar a sus discípulos (y a nosotros) la expectativa de algo tangible, un lugar real a donde ellos (y nosotros) iríamos para morar con él. Este lugar no es un reino etéreo de espíritus incorpóreos, porque los seres humanos no son aptos para tal clase de reino. Un *lugar* es físico por naturaleza, así como los seres humanos son físicos por naturaleza. (También somos espirituales). Para lo que sí somos aptos, para lo que fuimos diseñados específicamente, es un lugar como el que Dios generó para nosotros: la tierra. (p. xviii, trad. libre).

Para tener una idea de cómo debe ser el cielo, no necesitamos mirar hacia arriba a las nubes con especulaciones místicas y desconcertantes. Basta con mirar alrededor, a lo que Dios ya ha creado. Al hacerlo, veremos (aunque solo una sombra) cómo será la vida venidera. Imagina un mundo como el nuestro, pero sin maldad, dolor, corrupción o muerte. Suzanne y yo nos imaginamos un cielo donde Chase está lleno de vida, rodeado de todas las cosas que amó en la tierra: la naturaleza, las excursiones, la aventura, descubrir lugares nuevos. Chase valoraba la diversidad; le gustaba propiciar conversaciones largas con gente interesante (él encontraba interesante a todo el mundo). Incluso improvisó un pozo para encender fogatas en nuestro patio trasero con la esperanza de entablar conversaciones largas y profundas con amigos y familiares. Le encantaba el buen café y la interacción que generaba entre personas de contextos diferentes.

¿Y si el cielo estuviese lleno de todas esas cosas, pero en colores más intensos? ¿Por qué Dios, el Creador de este universo, crearía un lugar sin la textura, las capas, las relaciones, el misterio y el trabajo con propósito que este lugar sí contiene? ¿No lo forjaría incluso mejor? ¿Has visto la escena de *El mago de Oz* en que la película en blanco y negro se vuelve tecnicolor? Eso es el cielo: ¡una tierra tecnicolor! Justo en el centro, en la plaza principal, está Dios en su trono y Jesús sentado alrededor de una fogata con nosotros.

Incluso mientras escribo esto, anhelo el día en que cruce la entrada a este nuevo lugar, lleno de asombro y emoción. Me imagino el gozo de ver a los familiares y amigos que partieron hace tiempo de esta vida, de pie junto a Aquel a quien he entregado mi vida entera. Ahora, en medio de mi tristeza, la realidad de la resurrección de Cristo me da esperanza para esperar aquello que no puedo ver. No solo Jesús conquistó la muerte, sino que Chase, a través de Cristo, también conquistó la muerte. Ambos están vivos, a la espera de que todos nosotros nos reunamos de nuevo un día. No andan por ahí aguardando en algún espacio blanco, brillante y nebuloso, arpa en mano tocando música de sala de espera. Yo creo que mi hijo se encuentra realizando trabajo con propósito, usando los dones que le vimos desarrollar aquí en la tierra para crear aún más belleza allí con Cristo. ¡Qué gran día será aquel en que vea a mi hijo vivir la plenitud de su propósito por la eternidad! El autor de Apocalipsis escribió:

Después vi un cielo nuevo y una tierra nueva, pues ya el primer cielo y la primera tierra habían dejado de existir, lo mismo que el mar. Vi también que la ciudad santa, la nueva Jerusalén, bajaba del cielo, donde vive Dios. La ciudad parecía una novia vestida para su boda, lista para encontrarse con su novio. Y oí que del trono salía una fuerte voz que decía: «Aquí es donde Dios vive con su pueblo. Dios vivirá con ellos, y ellos serán suyos para siempre. En efecto, Dios mismo será su único Dios. Él secará sus lágrimas, y no morirán jamás. Tampoco volverán a llorar, ni a lamentarse, ni sentirán ningún dolor, porque lo que antes existía ha dejado de existir". Dios dijo desde su trono: "¡Yo hago todo nuevo!». Y también dijo: «Escribe, porque estas palabras son verdaderas y dignas de confianza". Después me dijo: "¡Ya todo está hecho! Yo soy el principio y el fin. Al que tenga sed, a cambio de nada le daré a beber del agua de la fuente que da vida eterna. A los que triunfen sobre las dificultades y sigan confiando en mí, les daré todo eso, y serán mis hijos, y yo seré su Dios» (Apocalipsis 21:1-7, TLA).

Tengo la esperanza de que, un día, toda lágrima será enjuagada, y el gozo y la risa reinarán. Me hace recordar a la letra de aquel viejo himno que dice: «Cuando todos lleguemos al cielo, qué día de regocijo será aquel, cuando todos veamos a Jesús, cantaremos y gritaremos su victoria» (E. Hewitt[7]). El cielo no será menos que la tierra, sino más. El cielo será el lugar que no nos dimos cuenta que siempre anhelábamos más que a nada. Como escribió Alcorn, «Dios nos diseñó para desear algo y, por ende, lo que *en realidad* deseamos si lo admitimos, es exactamente lo que él promete a aquellos que siguen a Jesucristo: una vida de resurrección en un cuerpo resucitado, con el

---

[7] NT: el himno *When we all get to Heaven* existe en castellano como «Canten del amor de Cristo» (traducción literal).

Cristo resucitado en una tierra resucitada. Nuestros deseos corresponden con precisión con los planes de Dios» (p. 7, trad. libre).

La muerte de mi hijo no invalidó las promesas de Dios en su vida; las cumplió. No de la forma que teníamos planeada, pero tampoco de una forma inferior. Debes saber que es más fácil decirlo que aceptarlo. Nuestro dolor es real, y extrañarlo duele aún más precisamente por el amor que le tenemos. Pero imaginar la realidad del cielo nos ha cambiado la perspectiva sobre esta vida y ha aumentado nuestra expectación por la venidera.

Algo que anhelar

Como mencioné antes, vivimos en Europa durante unos cinco años. Esto amplió nuestra cosmovisión. Cuando volvimos a Europa tras la muerte de Chase y visitamos a viejos amigos, recordé cómo tantas familias enviaron a sus hijos e hijas a descubrir el nuevo mundo de Norteamérica. Los enviaron a encontrar una vida mejor para ellos, sabiendo muy bien que las posibilidades de verlos otra vez eran prácticamente inexistentes. Suzanne me describió los sentimientos que aquellas madres pudieron tener, queriendo a sus hijos de regreso con desesperación, pero no a costa de una nueva vida de prosperidad en el Nuevo Mundo. Es cuestión de perspectiva.

También he mencionado otro viaje que realizamos tras la muerte de Chase, a Uganda. Al compartir mi historia con un grupo de pastores allí y contarles de la muerte de mi hijo, me rodearon con tanto amor y gracia y compartieron sus propias historias de pérdidas. Casi no había pastor en la habitación que no hubiese perdido a un hijo, o más, en los últimos cinco años. Estaba anonadado. Algo que parecía ser tan raro en los Estados Unidos era muy común en Uganda… Es cuestión de perspectiva.

Jesús también dejó a sus discípulos una nueva perspectiva. Las últimas dos imágenes que los seguidores de Jesús tuvieron de su Señor fueron a Jesús preparándoles desayuno a orillas de un lago y a Jesús ascendiendo al cielo mientras les decía que regresaría por ellos un día. Él les prometió que haría nuevas todas las cosas, y eso incluye los cuerpos temporales en los que vivimos y la tierra temporal en la que habitamos.

Cinco meses después de la muerte de Chase, me encontraba en una tienda de neumáticos al igual que todos los demás habitantes de mi ciudad que también habían esperado hasta el último minuto para cambiar sus llantas. Vivimos en un desierto en altitud, por lo que nuestros inviernos se encuentran típicamente repletos de nieve, lo que nos obliga a contar con neumáticos tachonados o para todo tipo de clima. Mientras esperaba en la fila a las 6:30 de la mañana, observando la salida del sol y recibiendo sus rayos, experimenté la belleza de la creación de Dios. Pensé dentro de mi: *Esa bola ardiente que produce todo este calor y toda esta luz se está desgastando. No va a durar para siempre.* Luego pensé: *Mi vida se está desgastando y yo tampoco voy a durar para siempre.* Sí, fue bastante deprimente... por un momento. Pero luego me sentí muy animado. ¿Por qué? Porque sé que lo que va a desgastarse... un día renacerá. Un día, el cielo y la tierra serán transformados. Un día, este cuerpo será renovado, y en esto sostengo mi esperanza gracias a lo que Jesús ha hecho por todos nosotros. Eso es tener perspectiva.

Una de mis escenas preferidas de El señor de los anillos de J. R. Tolkien es cuando Pippin (un hobbit) y Gandalf (un mago) están a punto de enfrentar una batalla en la que lo más seguro es que mueran.

Pippin: No creí que el final fuera así.

Gandalf: ¿Final? No, este no es el final de la jornada. La muerte solo es otro camino que todos recorren. La cortina de lluvia gris del mundo se abre y se transforma en plata y cristal. Después lo ves.

Pippin: ¿Qué, Gandalf? ¿Qué ves?

Gandalf: Blancas costas, y más allá, un país lejano y verde a la luz de un amanecer.

Pippin: Oye, no es tan malo.

Gandalf: No… No, no lo es

Alguien recientemente me preguntó qué diría Chase si pudiera regresar e iniciar una breve conversación conmigo. Creo que él me comentaría que no sufrió mucho, y aunque todo se oscureció por un instante, se despertó rodeado de una luz brillante. Me contaría que hay algo muchísimo más grandioso más allá de esta vida, y cuando la sombra de este mundo pase, despertamos en los brazos de aquellos a quienes amamos y descubrimos nuestra esencia más auténtica.

Todos nosotros pasaremos de esta vida a la venidera un día. No me malinterpretes, no tengo ningún apuro de llegar al cielo; todavía hay mucho que experimentar aquí en cuanto a amar y ser amado. Irme ahora sería como abandonar a mis compañeros de milicia antes de finalizar mi periodo de servicio. Pero ya no veo a la muerte como la conclusión cósmica de una vida transitoria. Más bien, la veo como una continuación de lo que Dios ha comenzado en nosotros aquí en la tierra. Así que, si vivimos, vivamos con sentido de propósito. Y si morimos, comprendamos que es aún mejor, ya que viviremos con Cristo en un lugar donde la muerte es consumida por Él y su victoria.

Dios ha preparado la cima de una montaña para nosotros. Un país verde con blancas costas. ¿Puedes divisarlo? Como puedes inferir al leer este libro, creo que la forma de pasar la eternidad con Dios es confiando en Jesús. Solo podemos tener esperanza en Dios si confiamos en Él, sabiendo que ha ido a preparar un mejor lugar para nosotros, tal como lo prometió. Este conocimiento no reduce el dolor de la pérdida y el sufrimiento. No hace que todo mejore. Pero sí responde a un montón de preguntas y nos da algo que anhelar cuando el camino es oscuro y tormentoso.

8

Algo más

"Me llamas a dar vuelta la página. No quiero. Tanta irrevocabilidad al cerrar un capítulo, y escribir el siguiente. Mientras las lágrimas corren por mis mejillas, comienzo a pasar la página. Sé que estás sentado aquí a mi lado. Hay empatía y expectación en tu mirada. Todo en mí llora por mi hijo, con el deseo desesperado de que aún estuviese conmigo. Pero ese capítulo se está cerrando. Y uno nuevo está comenzando"

Diario personal, 13 de diciembre de 2016

Luego que mis hijos y yo descendimos de la montaña tras sus ritos de iniciación, sellamos la experiencia con una ceremonia que incluía mirar un fragmento de la película *Cruzada*. Cuenta la historia de un padre que encuentra a su hijo perdido después de mucho tiempo. El padre, Godfrey (interpretado por Liam Neeson) convoca a su hijo, Balian (interpretado por Orlando Bloom), y en su lecho de muerte hace que Balian se arrodille y se le entregue su espada. En este momento, Godfrey dice: «No temas frente a tus enemigos. Sé valiente y justo, así Dios podrá amarte. Siempre di la verdad, aun si te lleva a la muerte [...]. Es tu juramento».

Luego de que mis muchachos y yo viéramos esta escena, le entregaba a cada uno de ellos (aunque no en mi lecho de muerte) una espada como la de *El señor de los anillos* y *El hobbit* de Tolkien. Cada espada tenía el propósito de recordarle a cada hijo que nos encontramos en medio de una batalla y que no debían desalentarse en la vida. La tarea de cada uno era permanecer «F. I. L. O. S. O.» en las manos de Dios. Así se mantendrían precisos en la Forma de cultivar el Interior (el corazón), la Locución (forma de hablar), el Obrar (las acciones), la Santidad (o pureza) y las Oportunidades con otros (las relaciones[8]). Colgué las cuatro espadas en la pared de nuestra sala (y a Suzanne le encantó, aun con su buen gusto para el diseño de interiores). Estas servirían como recordatorio constante de algunas de nuestras tareas de este lado de la eternidad: ser probados, templados con fuego y afilados hasta hallarnos listos para transformarnos en espadas que se entregan sin reserva para que Dios las use con destreza.

Unos días después de la muerte de Chase, nuestra familia extendida se reunió a contar historias maravillosas acerca de mi hijo. Recuerdo haber alzado la mirada hacia las espadas en la pared y ver la de Chase, que jamás volvería a ser empuñada por él. Me sentí abrumado por la tristeza. En silencio, la descolgué, sin ánimo de faltar el respeto, sino como recordatorio de que algo faltaba.

Hoy, la espada de Chase está de nuevo en la pared. Me recuerda que él sigue siendo una espada en las manos de Dios, y que mi vida también está en sus manos. La vida de mi hijo sobre la tierra tenía fecha de término. Comenzó el 24 de enero de 1995 y duró 21 años, cuatro meses, 23 días y 7 horas, y luego concluyó. Pero tu vida y la mía

---

[8] Agradezco a Kurt Fuller por brindar este acrónimo [S.H.A.R.P. en inglés] y el libro *Raising a Modern Day Knight* [La crianza de un caballero moderno] como recurso.

todavía no terminan. El resto de nuestra historia sigue escribiéndose hasta el día de la gran reunión. Aunque vivir en este espacio entre el «ya» y el «todavía no» puede resultar desgarrador, podemos elegir escribir una historia llena de valentía y aventura, una hermosa historia de amor y pérdida. Podemos reír más, llorar más, adorar más y defender más causas.

Hace poco, Suzanne compartió un mensaje con nuestro equipo de servicio de la iglesia sobre el creer en este «algo más». Es fácil en un mundo plagado de sufrimiento creer solo en que hay que sobrevivir. Pero, ¿y si Dios tiene más para nosotros, algo que trasciende el dolor, aquí y ahora? Sé que puede ser desconcertante y riesgoso creer que hay algo más, pero nuestros hijos y nietos merecen una generación dispuesta a tener fe en que tal vez los días mejores estén por venir y no en el pasado.

Mi fragmento favorito del libro de Sittser es: «Tengo esta sensación de que Dios terminará la historia que ha comenzado a escribir. Será una buena historia. El accidente seguirá siendo, como siempre lo ha sido, una experiencia horrible que causó gran daño a nosotros y a tantos otros. Fue y seguirá siendo un muy mal capítulo. Pero mi vida entera se está convirtiendo en lo que parecer ser un muy buen libro» (p. 212, trad. libre).

Quiero que mi vida tenga más sentido del que tendría si Chase no hubiera muerto. Tal vez, de alguna manera, mi vida le dará sentido a su muerte. Salmos 139:16 dice: «Me viste antes de que naciera. Cada día de mi vida estaba registrado en tu libro. Cada momento fue diseñado antes de que un solo día pasara» (NTV).

Tu historia y la mía fueron escritas antes de que saliéramos del vientre, pero cómo la viviremos está en nuestras manos. Podemos vivirla en un pozo de escepticismo y preguntas sin respuesta acerca de Dios, pero si procedemos así, dejaremos de ver y de disfrutar las cosas buenas que sí tenemos en esta vida.

El eterno ahora

Uno de mis recuerdos más gratos del tiempo que pasé con Chase fue la vez que me llevó a ver un partido de fútbol de los Timbers de Portland, justo tres meses antes de morir. Le encantaba el fútbol y le encantaban los Timbers. Había vendido una camioneta vieja y destartalada y usó parte del dinero para comprar entradas para los dos. Fuimos con sus primos, Hannah y Ross.

Fue un día maravilloso con mi hijo. Visitamos a un bar de sidra y compartimos un par. Caminamos, conversamos y nos reíamos. Todo ese tiempo yo no tenía idea de que aquel sería uno de los últimos y más significativos momentos que pasaría con él. ¿Y si le hubiera dicho que estaba muy ocupado y que no podía escaparme de la iglesia porque el partido era en domingo? ¿Y si yo hubiera dicho, como en el pasado, «Quizás para la próxima vez»? A riesgo de caer en un cliché: cada momento podría ser el último. Nada garantiza que habrá una «próxima vez». El momento indicado para hacer lo que se debe hacer y decir lo que se debe decir es ahora mismo. Tal vez hayas oído el proverbio chino: «El mejor momento para plantar un árbol fue hace 20 años. El segundo mejor momento es hoy».

Tan solo dos meses antes de que Chase muriera, nuestro hijo Hudson se casó con quien hoy es su esposa, Brianna. Ambos tenían 19 años, y yo traté de disuadirlos y lograr que esperaran. Ahora agradezco tanto que hayamos celebrado esa boda cuando Chase aún vivía. Él tenía cierta forma de estar presente como nadie que conozco. Jamás tenía prisa (¡lo que implica que llegaba tarde a muchas cosas!), pero una vez que llegaba donde quería asistir, estaba allí en cuerpo y alma – y espíritu –, vivo y presente en el momento. Él jamás hacía sentir a los demás como si prefiriera estar en algún otro lugar. Mi hijo sabía algo que a mí aún me falta aprender: lo crucial que es abrazarse a la vida por completo y vivir el *ahora*.

«SEÑOR, hazme saber mi fin, y cuál es la medida de mis días», escribió el salmista. «SEÑOR, recuérdame lo breve que será mi tiempo sobre la tierra. Recuérdame que mis días están contados, ¡y cuán fugaz es mi vida!» (Salmos 39:4-5, NTV). Nuestro tiempo sobre la tierra es breve, ya sea que vivamos aquí por 21 años o por 94. Ninguno de nosotros sabe con cuánto tiempo cuenta, así que lo sabio es estar presentes con cada aliento que demos. Mi esposa cree con tanta firmeza en estar presentes que se tatuó las palabras «estar presente» en el brazo como recordatorio. Darme cuenta de que mi tiempo en la tierra es corto me inspira a estar presente y de forma intencional con el que aún me queda.

Cuando el autor y conferencista Bob Goff visitó mi iglesia, nos dijo que, de forma intencional, deja de realizar algo cada jueves para poder decirle sí al tiempo presente. A veces debes decir que no a cosas buenas para poder decir que sí a cosas mejores. Para hacer esa llamada *ahora*, para desayunar con un amigo, para compartir una conversación profunda con mi esposa. No quiero que la vida vuelva a ser como era antes de que mi hijo muriera. La vida era buena, pero yo vivía demasiado ocupado y distraído. Una de mis oraciones es que Dios me ayude a permanecer más despierto a la vida que tengo. El autor Thomas Kelly lo llama «el eterno ahora» (p. 15s).

Después de que Chase muriera, nuestro sobrino Grady, que estaba terminando su maestría en Teología para ser capellán castrense escribió en Instagram: «Últimamente he estado leyendo montones para mis clases de Teología. Para los padres de la iglesia solo existían dos días: el hoy (el día presente, un regalo que se nos da) y aquel día (el día en que Jesús regrese y nos encontremos con Él cara a cara). Brindo por que vivamos cada día presentes en lo emocional y lo espiritual». Antes de morir, nuestro sobrino Adam escribió en una pizarra de su departamento una frase que repetía cada día: «Haz de hoy un gran día». Quiero aprender de quienes realmente han vivido, y amado, en esta vida.

El amor es todo lo que hay

Luego de sufrir una pérdida, la tentación es amar menos, encariñarse menos. Pero eso no es vida. Una de las formas de honrar a aquellos que hemos perdido, o permitir que Dios redima lo que se ha roto, es amando de forma aún más radical. Tras la muerte de Adam, surgió la frase «Ama como Adam» por la manera incondicional con la que amaba a otros. Cada vez que veía a Adam, así fuese por un minuto o por un día entero, él jamás se iría sin antes haberme dado un largo abrazo y haberme dicho «Te amo, tío Steve». Todavía puedo oír el eco de su voz en mi mente.

Es inevitable que, quien ama mucho, tenga mucho que perder. La sensación puede ser como la de terminar una canción en una tonalidad menor, sin un cierre, o, al menos, sin el cierre que esperamos. Pero ¿y si la vida y el amor en realidad son eternos y la muerte es solo una desconexión momentánea?

Una de las muchas lecciones que he aprendido caminando en la oscuridad es que no tengo el control y no soy el centro de mi mundo, ni mis hijos lo son. Nada me pertenece ni soy el dueño de nada. Un día, cada uno de nosotros verá a Dios y entenderemos a quién pertenecemos realmente, nosotros y todo lo que tanto valoramos. Chase era mi hijo, pero no mi posesión. Nos pertenecíamos uno al otro por la conexión y relación que compartíamos, pero no con un sentido de propiedad.

De hecho, me ha sorprendido descubrir que, incluso cuando sé que mientras más amamos, más perdemos, todavía quiero amar en mayor profundidad a quienes me rodean. La vida no solo se compone de lo que perdemos. La vida se caracteriza en primera instancia de todo el amor que uno da y recibe. C. S. Lewis escribió: «Conozco los mandamientos fundamentales y lo mejor que puedo hacer es atenerme a ellos» (p. 29). Podemos y debemos dedicar tiempo para formular y reflexionar en dos profundas interrogantes: quién es Dios y quiénes somos nosotros, pero al final de cuentas, es necesario continuar con la obra del amor. El sentido de la vida se encuentra únicamente en este gran esfuerzo.

Mi hijo Kincade diseñó una pulsera de silicona unas semanas después de la muerte de Chase que se viralizaron (bueno, al menos dentro de nuestra familia). Imprimió en las pulseras el rostro de su hermano con la frase «Vive como Chase». Mi hijo mayor sencillamente vivió. No procuraba convertirse en algo en particular, ni ser perfecto, ni cumplir ningún plan cósmico. Simplemente vivía y amaba con todo su ser. Trabajaba duro edificando sus relaciones y amistades. No dejaba que nada se interpusiera entre él y otros.

A Chase le encantaba la aventura. Ya sea yendo a África en su primer viaje misionero, al andar por los senderos de Bend, Oregón, o cuando tocaba música con su banda... él vivía cada día al máximo. Cuando Chase cursaba la secundaria, realizó su primer viaje misionero a Uganda. Durante ese tiempo escribió en su diario personal sobre las actividades del grupo: «servimos a una persona tras otra [...], ayudamos a una viuda a limpiar su choza hecha de ramas y barro. También oramos por una mamá hambrienta que se negaba a comer con tal de que sus hijos no murieran de hambre y tuvieran suficiente dinero para ir a la escuela». Fue un viaje de transformación para Chase. En su honor, queremos animar a la siguiente generación a aventurarse, soñar y difundir la vida y el amor de Jesús a nivel mundial. Y gracias a familiares y amigos, que nos acompañaron maravillosamente después de que perdimos a Chase en esta vida, hemos podido crear una beca para ayudar a jóvenes a emprender sus primeras aventuras misioneras (https://scmfund.org).

Así que estoy intentando vivir como Chase, apostándolo todo por el amor de Dios. Sin reservar cartas ni asegurar la jugada. Pero la única manera de vivir así es manteniendo mis ojos en Jesús. Solo quienes «confían en el SEÑOR renovarán sus fuerzas; volarán como las águilas: correrán y no se fatigarán, caminarán y no se cansarán» (Isaías 40:31, NVI).

Correr con perseverancia

En la universidad participaba de carreras a campo traviesa. Recuerdo una carrera en particular en la que comencé con demasiada rapidez. A mitad de camino ya estaba agotado. No sabía dónde quedaba la línea de llegada y estaba a punto de darme por vencido. Pero seguí avanzando, aunque no sin dificultad. Llegué a una curva sin visibilidad con otro corredor a mi lado. Al tomar la curva, vi a mi entrenador de pie justo allí. De hecho, tuve que esquivarlo para avanzar. Por un momento, pensé: *¿Qué está haciendo ahí parado en medio del camino?* Mi pregunta recibió respuesta enseguida, ya que se puso a gritarme como nunca me había gritado: «¡SIGUE!». Fue como si alguien me hubiera inyectado adrenalina, y salí disparado a toda velocidad. Momentos después vi la línea de llegada a solo unos metros y supe que esa era la razón por la cual se había metido en mi camino a gritarme. Estaba demasiado cerca de la meta y él no quería que me diera por vencido.

¿Cómo seguir avanzando cuando la carrera que estamos corriendo pone a prueba cada músculo de nuestra fe hasta su límite? Después de enumerar a muchos héroes de la fe que se aferraron a las promesas de Dios a pesar de tanto sufrimiento, el autor de Hebreos dice:

¡Todas esas personas están a nuestro alrededor como testigos! Por eso debemos dejar de lado el pecado que es un estorbo, pues la vida es una carrera que exige resistencia. Pongamos toda nuestra atención en Jesús, pues de él viene nuestra confianza, y es él quien hace que confiemos cada vez más y mejor. Jesús soportó la vergüenza de morir clavado en una cruz porque sabía que, después de tanto sufrimiento, sería muy feliz. Y ahora se ha sentado a la derecha del trono de Dios. Piensen en el ejemplo de Jesús. Mucha gente pecadora lo odió y lo hizo sufrir, pero él siguió adelante. Por eso, ustedes no deben rendirse ni desanimarse (Hebreos 12:1-3, TLA).

Incluso ahora puedo oír la voz de Cristo retumbando en mi vida: «No te des por vencido. No pierdas la esperanza. Sigue avanzando. Puedes poner tu confianza en mí. ¡SIGUE!». A pesar de que aún existe la tentación de simplemente rendirse y ceder ante la desesperación y la depresión que llaman a la puerta, elijo cada día estar presente en la vida que me queda, creer que hay algo más para mi historia, y que puede ser bueno. Sigo creyendo.

Volver a vivir

Mi esposa tiene el sueño de abrir una cafetería en honor a Chase. Convertirse en dueño de una cafetería era uno de sus sueños. Suzanne quiere llamar la tienda *Chase Dreams*[9]. Cada taza dirá «Haz de hoy un gran día». Habrá espacios creativos para que tanto los jóvenes como los mayores puedan volver a soñar. Oh, y una barra de cereal para los estudiantes que no cuentan con algo para comer. «Pasen y llévense una barrita para antes de dormir».

Sittser escribe: «De alguna manera tenía que creer que la vida volvería a ser buena, aunque no hubiera mucha razón o evidencia de ello disponible» (p. 204, trad. libre). No creo haber terminado de sufrir, pero no voy a esperar sentado con pesimismo a que llegue un futuro doloroso y decepcionante. Más bien, me concentraré en las cosas buenas del presente a mi alrededor. Lo que queda por delante, para mí y para ti, es un caminar más profundo con Dios. Una vida más simple y menos ocupada. Una mayor capacidad de estar presentes para los familiares y los amigos. Un rol más intencional que jugar en la

---

[9] Chase en inglés, además de ser el nombre del hijo del autor, significa «perseguir». El nombre de la tienda, *Chase Dreams*, puede leerse como «Chase sueña» y como «Persigue tus sueños».

comunidad. Ser más vulnerables con aquellos que nos rodean. Entregarnos más de lleno. Escuchar con empatía y tomar acciones por el bien común. Amar y ser amados.

He avanzado mucho desde que mi hijo murió. No todas mis preguntas han recibido respuesta, pero la vida ha vuelto a estar viva. Mi realidad hoy no es la que habría elegido, pero puedo ver con claridad desde mi posición hoy que Dios es digno de mi confianza. Lo cierto es que, cuando pienso en el mañana, a veces me pregunto si será tan bueno como creo que hubiera sido con Chase aquí. No lo sé. Pero no pienso que será malo. Es imposible comparar lo que podría haber sido con lo que será. Jamás será lo que podría haber sido y, sin embargo, por dolorosa que sea la realidad, elijo seguir adelante y quedarme con lo que será.

Uno de mis versículos preferidos de la Biblia es el salmo 126. Los versículos 5 y 6 dicen: «Los que siembran con lágrimas cosecharán con gritos de alegría. Lloran al ir sembrando sus semillas, pero regresan cantando cuando traen la cosecha» (NTV). El dolor de la pérdida no es algo que podemos superar o sobrellevar, pero el salmista describe la aflicción y angustia como semillas que se siembran en la tierra de la adversidad. Lo que crece de la tierra del dolor y la tristeza es una cosecha de gozo.

Sigo creyendo. Todavía creo que Dios tiene mi mundo en sus manos. Todavía creo que Él está de mi lado y no en mi contra. Todavía creo que no solo puede hacer lo que dice que quiere hacer, sino que lo hace. También sigo creyendo que hay más: más danza y menos luto. Más gozo y menos tristeza. Más alabanza y menos silencio. Más intimidad y menos amargura. Más pasión y menos dolor. Más recuerdos y menos lamento. Un día volveré a cantar. Un día tú volverás a cantar. Mi esperanza y oración es que no solo cantemos en «aquel día», sino que cantemos en «este día». Es lo que deseo, y sé que es lo que mi hijo querría.

Agradecimientos

Chase, eres mi hijo primogénito. Hay algo muy especial en ello. Tú me enseñaste a vivir en el presente y a amar a pesar de todo. Constantemente desafiabas mis creencias más arraigadas, pero no con rebeldía; más bien, de forma relacional. Sigues enseñándome cada día cuando pienso en tu sonrisa, en tu risa o en tu falta de planificación. Te extraño, hijo.

Escribir este libro requirió la dedicación de una buena cantidad de tiempo, energía y pasión. Estaré por siempre agradecido con las personas en mi vida de quienes tomé parte de ese tiempo, esa energía y esa pasión.

A mi esposa, Suzanne, quien constantemente me hace llorar en lugares públicos por hablar de nuestro hijo. Me has hecho permanecer conectado con mi alma a lo largo de esta travesía y no podría haberlo logrado sin ti.

Hudson, Kincade y Spencer: ustedes son mi fortaleza. Los amo tanto a cada uno, y estoy seguro de que fue muy difícil ver a su papá atravesar tal dolor y tormento. Ustedes permanecieron a mi lado y continúan subiendo conmigo las montañas frente a nosotros. Los amo, muchachos, y escalaré cualquier montaña con ustedes.

Brianna, no tienes idea de la alegría que has traído a esta familia el mismo año en que entró tal angustia en ella. Gracias por amarnos tanto a lo largo de este tiempo y por casarte con mi hijo.

A mi familia extendida, muchos de los cuales han vivido las mismas adversidades: hemos soportado muchas pruebas que jamás vimos venir, y aun así hemos permanecido firmes en nuestro amor y compromiso mutuo. Manténganse fuertes, conserven la fe, perseveren en la esperanza.

El equipo de trabajo de la iglesia Westside Church es una de las comunidades más gentiles, inspiradoras y auténticas de las que he sido parte. Gracias por cubrirme y por sobrellevar la carga del ministerio. Juntos, nuestro yugo es liviano, pero no podría haber continuado con el pastorado de la iglesia sin ustedes. Mike, gran parte de esta carga cayó sobre ti, y siempre estaré agradecido. Bo, gracias por ayudarme a ver lo que no podría seguir haciendo con mis propias fuerzas. Cheryl, me representas muy bien ante el resto de nuestra gran comunidad.

La mayoría de las iglesias me habrían dado algo de espacio para llorar y luego hubieran esperado que lo «superara». Mi familia en Westside jamás me ha hecho sentir así. Ustedes han permanecido a mi lado en medio de mi duelo público, y jamás me han hecho sentir que ya era hora de seguir adelante. Asimismo, mi denominación, Iglesia Cuadrangular (Foursquare Church), me ha brindado el espacio que necesitaba para cuestionar mi teología dentro de un contexto de comunidad, y creo que todos somos mejores ahora como producto de ello.

Un reconocimiento especial a mis editores, Traci Mullins (Eclipse Editorial Services) y Jodi Carlson (Masterworks). Su influencia me ha ayudado a crear un libro del cual estoy muy orgulloso. Gracias por su paciencia con este autor primerizo y por su compromiso a asistirme para mejorar mi trabajo.

Casey Parnell, mereces unas líneas solo para ti. Creíste en mí y en este proyecto cuando yo mismo no lo hice, y en ocasiones tuviste más energía para ello que yo. Me animaste a seguir adelante de la mejor manera posible, y por ello permaneceré eternamente agradecido, y aún más por nuestra amistad.

A Spencer Fuller, desde la primera vez que hablamos del diseño de la portada me inspiraste con tu creatividad y me ayudaste a descubrir el estilo adecuado para este libro. Gracias por entregarte por completo a este proyecto.

Hay momentos en que personas que jamás has conocido influirán en ti como nadie más. Jerry Sittser, C. S. Lewis y Nicholas Wolterstorff han sido guías para mí en esta travesía. Gracias por poner en palabras mi dolor y mis preguntas.

Por último, quiero reconocer a mi padre, Glen Mickel, quien falleció mientras yo escribía este manuscrito. Constantemente me decía cuán orgulloso estaba de mí, y jamás cuestioné su amor por mí. Papá, gracias por creer en mí y por orar para que nunca perdiera la esperanza.

Spencer, Chase, Hudson, Steve y Kincade [10]

[10] En la celebración de la boda de Hudson, abril de 2016. Fotografía de Tony Gambino

Bibliografía

Alcorn, Randy. *Heaven* [Cielo]. Carol Stream (EE.UU.):
Tyndale House, 2008 [ed. esp. electrónica: El Cielo,
Tyndale House, 2018].

Bridges, Jerry. *Confiando en Dios: Aunque la vida duela.* Centros
de Literatura Crist, 2001.

De Caussade, Jean-Pierre. *Sacrament of the present moment*
[Sacramento del momento presente]. New York:
HarperCollins, 1989.

Eldredge, John. *The Journey of Desire: Searching for the life you've
always dreamed of* [La travesía del deseo: la búsqueda de la
vida que siempre has soñado]. Nashville: Thomas Nelson,
2016.

Frankl, Victor. *El hombre en busca de sentido: Introducción a la
logoterapia.* Barcelona: Herder, 2015.

Geisler, Norman. *If God, Why Evil?: A New Way to Think.*
Minneapolis: Bethany House, 2011 [ed. esp.: *Si Dios existe,
¿por qué el mal?: Una nueva manera de pensar en la pregunta,*
Miami: Unilit, 2014].

Hacker, Stephen. *The Trust memory jogger: Building workplace trust*
[El ayudamemoria de la confianza: cómo construir un
ambiente de confianza en el trabajo]. Salem (EE.UU.):
Goal/QPC & ASQ, 2014.

Johnson, Bill. *God is good: He's better than you think.* Shippensburg (EE.UU.): Destiny image publishers, 2016 [ed. esp.: *Dios es bueno: Él es mejor de lo que piensas*, Miami: Peniel, 2018].

Johnson, Bill. *Encountering the goodness of God: 90 daily devotions* [Encuentro con la bondad de Dios: 90 devocionales diarios]. Shippensburg (EE.UU.): Destiny image publishers, 2017.

Kelly, Thomas. *Un Testamento de devoción*, Barcelona: (s.e.), 1973 [PDF]. URL: www.internetarcano.org/wp-content/uploads/downloads/2010/02/testamento-devocion.pdf (consultado 25/6/2020).

Kushner, Harold. *When bad things happen to good people.* New York: Random House, 2004 [ed. esp.: *Cuando a la gente buena le pasan cosas malas.* New York: Vintage Español, 2004].

Lewis, C. S.:

— *Mere Christianity.* Londres: William Collins, 2017 [1944] [ed. esp.: *Mero Cristianismo*, Madrid : Rialp, 2005].

— *El problema del dolor.* Trad.: Susana Bunster. Santiago de Chile: Editorial universitaria, 1990.

— *Una pena en observación.* Trad.: Carmen Martín Gaite. Barcelona: Anagrama, 2014. Ed. digital: Tellus, 2014

Lewis, Robert. *La crianza de un caballero moderno: el papel que desempeña un padre en guiar a su hijo a la verdadera hombría.* Miami: Unilit, 2009

Manning, Brennan. *Ruthless Trust: The Ragamuffin's Path to God* [Confianza implacable: la senda del andrajoso hacia Dios]. San Francisco: HarperOne, 2002.

Nouwen, Henri. *A Letter of Consolation* [Una carta de consuelo]. New York: HarperOne, 2009.

Sittser, Gerald. *A Grace disguised: How the soul grows through loss* [Una gracia disfrazada: cómo crece el alma a través de la pérdida]. Grand Rapids (EE.UU.): Zondervan, 2004.

Stern, B. *Ruthless: Knowing the God who fights for you* [Implacable: conoce al Dios que pelea por ti]. Colorado Springs (EE.UU.): NavPress, 2014.

Tolkien, J. R. *The Lord of the Rings* [El Señor de los anillos]. New York: Houghton Mifflin Harcourt, 2002.

Wilder, Thornton. McClatchy, J. *The Eighth day*. New York: Library of America, 2014 [2011] [ed. esp.: *El octavo día*, Madrid: Automática, 2013].

Wolterstorff, Nicholas. *Lament for a Son* [Lamento por un hijo]. Grand Rapids (EE.UU.): Eerdmans, 1987.

Himnos y películas

Darabont, Frank (dir.). *Sueños de libertad* [película, audio latino]. Estados Unidos: Castle Rock Entertainment, 1994.

Hewitt, E. *When We All Get to Heaven* [Cuando todos lleguemos al cielo] [himno]. 1898. Dominio público.

Jackson, Peter. *El Señor de los anillos: Las dos torres* [película, audio latino]. Estados Unidos: New Line Cinema, 2002.

Marquand, Richard. *Star Wars, Episodio VI: El regreso del Jedi* [película, audio latino]. Estados Unidos: 20th Century Fox, 1983.

Scott, Ridley (dir.). *Cruzada* [película, audio latino]. Estados Unidos: 20th Century Fox, 2005.

Toplady, Augustus (1776). *Rock of Ages, Cleft for me* [himno]. Trad.: T. M Westrup. Dominio público.

Van Sant, Gus [dir.]. *En busca del destino (Good will hunting)* [película, audio latino]. Estados Unidos: Miramax Films, 1997.

STEPHEN CHASE MICKEL
SCHOLARSHIP FUND FOR MISSION TRIPS *

* Stephen Chase Mickel: becas para viajes misioneros

Por la forma en que vivió Chase aquí en la tierra, se nos hace fácil imaginarlo explorando las calles del cielo, y difícil no tenerlo aquí explorando las calles de la tierra. En su honor, queremos animar a la siguiente generación a aventurarse a soñar y difundir la vida y el amor de Jesús a nivel mundial. Y gracias a familiares y amigos, que nos acompañaron maravillosamente después de que perdimos a Chase en esta vida, hemos podido crear una beca para ayudar a jóvenes a emprender sus primeras aventuras misioneras.

No dejes de amar mucho y estar presente,

Steve y Suzanne Mickel
https://scmfund.org

Acerca del autor

Steve Mickel creció en casa de pastor y asistía a la iglesia fielmente cada semana. Se graduó de la universidad LIFE Pacific con un título de grado en estudios bíblicos y una maestría en liderazgo estratégico. La repentina muerte de su hijo de 21 años lo sumió en una profunda desesperación, y lo llevó a cuestionar si Dios era digno de confianza o no. Todos los años de pastoreo, plantación de iglesias y trabajo misionero en Croacia no lo habían preparado para enfrentar la tragedia sin precedentes del fallecimiento de su hijo.

Junto con Suzanne, su esposa por más de 26 años, sus tres hijos y una nuera, además de una multitud de amigos y familiares maravillosos, caminaron por el valle de sombra de muerte y descubrieron una confianza en Jesús más sólida y profunda.

Ahora, Steve sirve como pastor de Westside Church en Bend, Oregón, y le encanta pasar tiempo con su familia, montar su motocicleta y disfrutar del aire libre. A pesar de las adversidades de la vida, Steve continúa animando a las personas a conectarse con Jesús de formas significativas y llenas de propósito.

Made in USA - Crawfordsville, IN
15113_9798668350148
10.29.2020 1900